# 남자의 성공
# 남자의 향기

# 남자의 성공, 남자의 향기

지은이 | 이하연 · 심혜정
기획 | 심상훈
펴낸이 | 김성실
편집기획 | 박남주
마케팅 | 이준경 · 김남숙 · 이유진
편집디자인 | 하람커뮤니케이션(02-322-5405)
인쇄 | 중앙 P&L(주)
제본 | 대흥제책
펴낸곳 | 시대의창
출판등록 | 제10-1756호(1999. 5. 11)

초판 1쇄 발행 | 2008년 2월  1일
초판 3쇄 발행 | 2010년 2월  26일

주소 | 121-816 서울시 마포구 동교동 113-81 (4층)
전화 | 편집부 (02) 335-6125, 영업부 (02) 335-6121
팩스 | (02) 325-5607

ISBN 978-89-5940-090-4 (13320)
값 11,000원

# 남자의 성공
# 남자의 향기

# 성공한 남자의
# DNA를 들여다보자

이 책은 서로 다른 직업과 꿈을 가진 사람들의 성공과 그 향기를 이야기한다. 왜 이들은 성공했을까?

10년 동안 국내 최고의 한정식집 '봉우리'를 운영하고 있는 이하연 사장이, 손님으로 드나들던 성공한 또는 성공할 멋진 남자들을 만나면서 눈과 마음으로 느낀 것을 맛깔스럽게 그려내고 있다.

이하연 사장. 그는 황금같이 시간을 쓰면서 1분 1초도 낭비하지 않는 부지富志런Run한 여자다. 아침 6시면 일어나서 하루 일과를 시작하며, 일과 방송, 강의 등으로 빡빡하게 짜인 일정을 소화해낸다. 한정식집 운영과 더불어 명품김치 사업까지 병행하고 있다. 그뿐인가. 김치 박물관도 준비하고 있다. 하루 24시간이 아닌 48시간, 그 이상을 살고 있는 셈이다.

언젠가 넌지시 물어봤다. "이사장님 꿈은 뭐예요?" 이하연의 꿈은 대한민국 최고의 '명품김치 디자이너'라고 했다. 부끄러워하면서도 당찼다. '명품김치 디자이너'라! 이는 듣기만 해도 설렌다. 정말 기분 좋은 대답이었다. 그러니 그녀는 언제나 아름답게 보일 수밖에.

그녀가 말하는 성공한 남자에겐 공통된 DNA가 발견된다. 도전과 모험심, 열정과 에너지다. 쓸데없는 일로 시간을 낭비하지 않는다. 1분 1초도 귀하게 여긴다. 바빠서다. 그들은 할 수만 있다면 돈을 지불하더라도 시간을 사고 싶어 한다. 시간이 돈인 걸 너무 잘 알고 있기 때문이다.

또한 사람이 제일 중요하다는 것을 알고 있다. 일은 사람이 한다는 것을 아는 거다. 따라서 유능한 사람을 옆에 둘 줄 안다. 그리고 비즈니스 상대로 만나는 사람에게는 물론 동료와 부하 직원, 식당 직원에게까지 예의를 차리는 사람이다.

그렇다면 성공한 남자들에게 인생이란 무엇일까? 이 책

은 주저하지 않고 궁금증을 바로바로 풀어준다. 시원하다! 등산에 비유해서 설명한다. 성공한 남자들은 오르막이 있으면 내리막이 있다는 걸 안다. 이 책은 그것을 말하기 위함이다. 그들은 최고의 정점에서도 나를 정리할 줄 안다. 뒤돌아본다. 또 내리막을 밟을 때를 철저하게 대비한다. 그리고 늘 오르막을 위한 새로운 미래, 목표, 꿈을 꾸는 걸 게을리 하지 않는다.

성공한 또는 성공할 남자들은 어떤 꿈을 가지고 살기에 성공하는 걸까? 그들은 나만의 미래, 목표, 꿈을 DNA로 가지고 있다. 날이면 날마나 신념을 가지고 모든 일에 적극적으로 왕성하게 산다. 또 그들에겐 빼놓을 수 없는 공통된 인생의 철학이 있다.

꿈이 있는 자는 목표가 있다.
목표가 있는 자는 계획이 있다.
계획이 있는 자는 실천을 한다.
실천을 하는 자는 실적이 있다.
실적이 있으면 반성을 한다.
반성을 하면 새로운 꿈을 꾼다.

지금부터 이하연 사장이 말하는 성공한 혹은 성공할 남
자들의 DNA를 하나하나 추적해보자. 늦지 않았다. 남자
라면 누구나 이 책을 읽어보라. 성공할 것이다. 여자라면
누구나 반려자를 성공하게끔 디자인할 수 있을 것이다.

민승규
삼성경제연구소 수석연구원

# 왕언니가 전수하는
# '성공남 딱 알아보기'

성공한 또는 성공할 남자와 그렇지 않은 남자는 어떻게 다를까? 어떻게 하면 누 유형의 남자를 완벽하게 구분할 수 있을까? 이 궁금증을 풀기 위해 수많은 여성들에게 질문을 던져보았다. 하지만 허사였다. 그녀들의 대답은 너무나 모호했다.

이를테면 이런 식이다. "글쎄, 말하는 게 다르지 않을까?" "사람을 대하는 태도가 다를 것 같은데⋯⋯."

구체적으로 어떻게 다른지 집요하게 파고드는 질문에 기억을 떠올리려고 열심히 머리를 굴리지만 그녀들이 들려주는 대답은 영 시원치 않다.

　사실 대부분의 20대 여성들에게 성공한 남자들을 만날 기회는 흔치 않다. 그럴 수밖에 없다. 대개 이 나이 때에 만나는 남자들이란 20대 후반에서 30대 초중반. 성공의 길을 향해 달려가고 있다면 모르겠지만 이들 중에 성공한 남자는 거의 없다. 30대 여성들은 조금 다르다. 성공한 남자들을 만나본 적이 있거나 운 좋게도(?) 그런 남자와 행복한 결혼생활을 하고 있는 여성들이 있기는 하다. 하지만 그녀들에게서도 별다른 수확을 거두지 못했다. 단지 한두 가지의 특징을 짚어낼 뿐이었다.

　과연 성공한 남자들은 어떤 점이 다른 걸까? 명쾌한 해답은 없는 걸까? 답답한 고민에 빠져 하루 이틀을 보내던 어느 날, 지인과 식사하러 간 곳에서 나의 궁금증을 해소해줄 귀인(!)을 만났다. 뜻이 있는 곳에 길이 있다고 했던가. 나를 제대로 안내해줄 길잡이를 만난 셈이다.

　귀인은 강남에서 10년 넘게 한정식집을 운영하고 있다. 그곳은 그냥 평범한 한정식집이 아니다. 수많은 성공한 남자들의 발길이 끊이지 않는 아주 특별한 공간이다. 귀인은 10년 동안, 바로 여기서, 무수히 많은 남자들, 그것도 성공한 남자들을 만난 것이다. 강산도 변한다는 10년이란 시간

동안 말이다. 게다가 그녀는 지천명知天命의 나이인 오십. 비록 하늘의 뜻은 모를지언정 어떤 남자들이 성공한 남자인지는 끝내주게 구별할 줄 안다. 그 내공은 그야말로 '척 보면 압니다~' 수준이다.

그날의 만남 이후로 우리는 수시로 만나 남자들에 대해 수다를 떨었다. 그것도 성공한 남자에 대해서만! 그들의 태도, 말투, 대화법 등 성공한 남자들의 일거수일투족을 지켜본 그녀만의 생생한 경험담은 그 어떤 드라마나 영화보다도 흥미진진했다. 더구나 만남의 횟수가 거듭될수록 서서히 남자 보는 안목까지 생겨나는 듯했다. '될성부른 나무는 떡잎부터 알아본다'는데 성공할 남자의 떡잎을 알아보는 비법을 하나씩 터득하게 된 것이다.

내 남자 혹은 내 남편이 과연 성공할 수 있을까? 내 남자 혹은 내 남편은 왜 성공하지 못할까? 어떻게 하면 성공하는 남자를 만날 수 있을까? 이 모든 것이 궁금하다면 우리의 '성공수다론'에 귀 기울여보면 어떨까? 서른 중반의 나, 오십의 그녀(나는 왕언니라 부른다. 여자들의 진정한 언니라는 생각에서)가 수다로 풀어본 성공한 남자들에 대한 이야기에.

심혜정

# 성공을 예약하는 태도 열다섯 가지

성공한 남자들도 숱한 실패를 겪었다. 하지만 그들은
자책하지도 실망하지도 않는다. 대신 왜 실수했는지
주의 깊게 따지고 교훈을 찾는다. 그렇다면 이제는
실패했을 때를 눈여겨봐야겠다. 툴툴거리면서 실패에
연연하는지 아니면 깨끗이 인정하고 원인을 분석하는지.

하나
# 내가 중심에 있다


서울 역삼동 국기원 뒤쪽으로 가면 한정식집이 즐비한 골목길이 있다. 국기원은 나에게 사연이 많은 곳이다. 학창 시절 국기원 도서관을 자주 들락거렸다. 공부한다며 갔지만 실은 공부를 빙자한 데이트가 주목적이었다. 지금은 다른 여자와 결혼해 깨소금을 볶으며 살고 있을 첫사랑. 국기원은 그와 자주 데이트하던 장소였다. 하지만 새록새록 떠오르는 추억도 잠시, 나의 목적지는 국기원이 아니라 추억의 그 길에서 한 500미터(맞을라나. 사실 난 거리감각이 없다. 고로 어림짐작해본 거리다) 정도 떨어진 한정식집이다.

　골목길은 언뜻 보기에는 일반 주택가와 다를 바 없다. 집들도 한정식집하면 떠오르는 이미지의 한옥들이 아니다. 일반 주택이다. 외형은 그대로 둔 채 내부만 식당에 맞게 개조해 운영하고 있다. 수많은 간판들이 줄지어 서 있다. 그 중에서 유난히 눈길을 사로잡는 간판이 있다. '봉우리'라는 우리말이 산뜻한 노란색 간판. 이곳이 왕언니가 10년째 운영하는 대한민국 대표 한정식집이다.

　'봉우리'는 산봉우리의 봉우리가 아니다. '벗을 만나는 마을'이라는 뜻이다. 한자로는 逢友里. 벗을 만나러 가는 길은 가슴이 설렌다. 말하지 않아도 나를 알아주니까. 나는 지금 벗보다 더 중요한 인생의 새로운 인연을 만나러 가고 있다. 상기된 마음으로 봉우리의 대문을 활짝 열었다. 계단을 따라 힘차게 발걸음을 내딛었다. 하나, 둘, 셋, 넷, 다섯……. 스무 개 남짓 되는 계단을 성큼성큼 올라가자 파릇파릇한 보리가 심겨진 작은 마당이 보인다.

　하지만 마당을 감상할 틈도 없이 방으로 안내되었다. 운조루雲鳥樓라고 쓰여 있는 방으로. 산동에서 매화마을로 가는 길에 있는 그 운조루인가? 그런가보다. 다른 방 이름도 모두 전국의 유명한 장소 이름을 따서 지었다고 한다.

광한루, 부벽루, 만대루, 촉석루, 곰나루. 그러니까 이곳에 오면 때로는 남원 광한루에서 때로는 진주 촉석루에서 벗을 만나게 되는 건가?

운조루. 습관처럼 방 안을 휘익 훔쳐보았다. 세월의 때가 덕지덕지 묻어 있지만 운치가 풍기는 고가구. 한쪽 벽에는 커다란 액자.

> 취한 임 비단 옷소매를 잡았네
> 옷소매는 손길 따라 찢어졌네
> 비단옷은 조금도 아까울 것 없지만
> 다만 정이 끊길까 그것이 두려워라

밥집에 이런 멋진 시구가 걸려 있다니……. 한 자 한 자 따라 읽다보니 불현듯 왕언니의 얼굴이 그려졌다. 예술감각이 뛰어난 여인! 감수성이 풍부한 여인! 그런 여인이리라. 방 이름, 가구, 액자 등 소소한 것들에 세심하게 배려한 흔적이 어디 그냥 나오겠는가. 그녀의 뛰어난 예술감각과 풍부한 감수성이 자연스레 녹아 있는 것이리라. 그러니 이곳은 그냥 밥만 먹고 가는 집이 아니라 예술과 문화를

느낄 수 있는 밥집일 것이다.

　이런저런 상상에 빠진 나. 그런 나를 깨우듯 똑똑 노크 소리가 들렸다. 정신을 차리고 문 쪽을 쳐다보았다. 살며시 문이 열리더니 왕언니가 방 안으로 들어섰다. 곱디고운 한복을 입고서. 빨간 저고리에 검정 치마, 단아하니 예스럽다. 이럴 걸 '눈을 뗄 수가 없을 정도로 눈이 부시다'고 표현하던데, 딱 맞는 말이다. 눈이 부시게 함박웃음을 보이며 인사하는 왕언니.

　"많이 기다렸죠? 미안해요."

　"아니요. 기다린 보람이 있는 걸요. 이렇듯 아름다운 분인지는 몰랐어요. 미안해하지 않으셔도 되거든요~."

　"고마워요. 예쁘게 봐줘서요. 오후에 방송 촬영이 있어서 한복을 입었는데, 어때요? 어울려요?"

　그럼요. 너무나 잘 어울려요. 한복이 이렇게 잘 어울리는 사람은 처음 봤다. 거짓말 아주 조금 보태서 말이다. 보통 한복을 입으면 어정쩡한데 왕언니는 기성복처럼 딱 맞아 떨어진다.

　"점심 아직 안 먹었죠? 배고플 텐데 식사부터 하고 얘기 나눠요."

어떻게 알았을까. 약속 때문에 집에서 허둥지둥 나오는 바람에 아침밥도 못 챙겨먹고 나왔는데 그걸 읽다니. 긴장이 풀리면서 덩달아 꼬르륵 소리가 나기 일보직전이었다.

하얀 사기에 담긴 맛깔스러운 음식들이 하나씩 상 위에 올려졌다. 그것도 쉼 없이 계속해서 한상 가득히 차려졌다. 어느 것부터 먹어야 하나? 젓가락질 하기 전에 고민을 해야 할 정도다. 이런 고민이라면 언제든지 대환영이다. 하나를 집어 들어 입 안에 넣으니 그야말로 입에서 사르르 녹는다. 보기만 좋은 게 아니라 먹기도 좋은 음식의 향연이다.

아차! 내가 왕언니를 만나는 이유는 이게 아니었지. 젓가락을 내려놓고 슬며시 왕언니에게 질문을 던졌다.

"성공한 남자들을 많이 만나보셨다면서요? 얼마나 많은 분들을 만나셨는지 물어봐도 되나요?"

"글쎄, 내가 여태까지 뿌린 명함만 한 만 장 되는데, 그 중엔 같은 사람도 있을 테고, 얼마나 많은 남자를 만났다고 대답해야 하나……."

만 장이라! 그 중에 10퍼센트면 1000명, 5퍼센트로 잡아도 500명이 아닌가. 깎는 김에 과감하게 더 깎아보자. 1퍼

센트만 쳐도 100명이 아닌가. 한 여성이 100명의 성공한 남자를 만났다. 가히 대단하다고 하지 않을 수 없다. 내가 사람을 제대로 소개받긴 받았구나.

"성공한 남자들은 어떤 점이 다른가요?"

잠시 생각을 고르는 왕언니.

"성공한 남자는 밋밋하지가 않아. 어디서 튀어도 튀어. 참, 말 놓아도 되지?"

"그럼요~ 저보다 나이도 많으시고 제가 앞으로 왕언니로 모실 건데 당연히 말 놓으셔야죠. 그래야 저도 편해요."

"고마워! 근데 왕언니라고? 재미있는 호칭이네."

환하게 웃는 왕언니. 그리고 수줍게 미소 짓는 나.

"그런데 밋밋하지 않고 튀다니, 어떤 점이 튄다는 거죠?"

"그러니까 성공한 남자들은 자신만의 철학을 가지고 있더라고. 뭐 경영철학 이런 거 말이야."

당연히 그렇겠죠. 성공한 기업의 사장들은 다들 경영철학을 가지고 있다는 기사를 많이 봤다. 하지만 내가 궁금한 건 뭔가 공통점이 있을 거라는 거다.

"그렇지! 내가 만나본 성공한 남자들은 말이야. 자기중심이 아주 확고하더라. 목표나 비전이 뚜렷하지 않은 주인의 철학이라. 휴~ 처음부터 너무 어렵다.

"예를 하나 들어서 말해줄까?"

좋죠! 내가 원하던 게 바로 그런 거예요. 예를 들어서 쉽게~

"우리 집 단골손님 중에 모 기업 계열사에서 8년 동안 사장으로 재임하던 분이 있었거든, 늘 해맑은 분이었어. 그런데 어느 날 저녁식사를 하러 왔는데 얼굴빛이 안 좋더라고. 조심스레 사연을 물어봤지. 들어보니까 조금만 생각을 바꾸면 쉽게 넘어갈 문제더라고. 그런데 그분은 끝까지 뜻을 굽히지 않고, 사표를 던지는 것도 불사하겠다는 거야. 그것보다는 자신의 철학을 지키는 것이 더 중요하다고 말이야. 결국에는 사표를 던지셨지. 그런데 어떻게 된 줄 알아? 얼마 후에 더 큰 기업의 사장으로 스카우트 돼서 가셨어."

"정말로 잘됐네요. 그런 사람은 흔치 않은데 말예요."

"응. 근데 만약에 그분이 흔들리고 적당히 타협했다면 어떻게 되었을까? 그 회사의 사장으로 재임하는 시간은 잠시 연장했겠지만 올곧은 뜻을 펼칠 수는 없었겠지. 성공한

남자들을 보면 그분처럼 확고한 자기중심과 자기철학을 가지고 있어. 그러고는 자기 삶의 주인으로 당당하게 뜻을 펼치지. 이걸 난 주인의 철학이라고 생각해."

아~ 성공한 남자들은 한결같이 굳건한 철학을 가지고 있는 점이 다르구나. 왕언니가 말한 대로 표현하면 주인의 철학!

"한번 생각해봐. 내가 주인의 철학을 가지고 있어야 누군가 나를 따르지, 말로만 나를 따르라 하면 누가 따르겠어. 물론 이익 때문에 따르는 사람도 있겠지. 하지만 그건 마음속 깊이 따르는 것이 아니잖아. 물론 아무도 따르지 않는 성공은 진정한 의미에서 성공이라고 말할 수 없을 거고."

왕언니의 말에 나도 모르게 고개를 끄덕였다. 바람을 따라서 이리 흔들리고 저리 흔들린다면 결국 그 존재는 사라질지도 모른다. 때문에 성공한 남자들은 자기중심, 자기철학의 뿌리가 깊은 거구나. 이제야 비로소 성공한 남자를 보는 시각이 조금은 생기는 것 같다.

# 실행은 번개보다 빠르게

곰나루. 한자로는 웅포雄浦다. 전라 북도 익산에 위치한, 맑고 푸른 금강을 한눈에 볼 수 있는 곳. 바로 왕언니의 고향이다. 햇살을 받아 반짝이는 물결, 자그마한 나룻배들. 왕언니는 그런 멋진 풍경을 보면서 어린 시절을 보냈다고 한다. 금강에서 고기도 잡고 뚝방길에서 쑥도 캐고. 잊으려야 잊을 수 없는 추억이 가슴 깊이 아로새겨진 곳, 곰나루.

나는 지금 그곳에 앉아 있다. 익산의 곰나루가 아니라 봉우리 곰나루에. 봉우리 여섯 개의 방 가운데 가장 아름다운 풍경을 볼 수 있는 곳이 바로 왕언니의 고향 이름을

딴 곰나루 방이다.

마당을 향해 나 있는 통유리창. 창문 밖으로 맑고 푸른 금강 대신 푸릇푸릇한 보리들이 넘실대고 있다. 마치 바람에 따라 흔들리는 물결처럼 보리들이 찰랑거린다. 보기만 해도 눈이 시원하다. 그 뒤로는 훤칠한 대나무가 서 있다. 늠름한 자태를 자랑하며 당당히 가슴을 펴고서 말이다. 고개를 살짝 옆으로 돌리면 장독대들이 올망졸망 줄지어 있다. 그 안에 담겨 있을 간장이며 된장을 생각하니 군침이 꼴깍! 넘어간다. 게다가 정성스럽게 장을 담갔을 주인장(왕언니)의 모습을 생각하니 마음이 넉넉해지며 푸근해진다.

도대체 이곳이 서울의 한복판 강남이란 말인가. 전혀 그런 느낌이 아니다. 어느 시골마을에 와 있는 것 같다. 그렇게 창밖 풍경에 푹 빠져 왕언니를 기다리고 있었다. 넋을 놓고 밖을 쳐다보고 있자니 생각이 꼬리에 꼬리를 물기 시작한다. 잠시 결정 내리기를 미뤄두었던 일이 떠올랐던 것이다.

이제 내 나이 서른 중반. 부모님으로부터 독립을 해야 할 나이다. 아니다. 이미 늦었다. 결혼 후 출가하라는 부모님의 말씀 앞에 무릎을 꿇고서 계속 얹혀사는 신세가 되어

버렸다. 하지만 여전히 나는 혼자다. 그렇다고 결혼할 기미가 보이는 것도 아니다. 그럼에도 불구하고 나는 여전히 부모님 눈치를 살피고 있다. 어떻게 말을 꺼내야 하나 생각하면서…….

얼마나 시간이 흘렀을까. 갑작스런 말소리에 놀라 고개를 돌려보니 어느새 왕언니가 내 곁에 와 있었다.

"오늘도 많이 기다렸지? 손님이 많아서 이것저것 체크하다보니까 이렇게 됐네."

미안하다는 표정을 짓는 왕언니. 괜찮아요. 참으로 오랜만에 홀로 조용히 생각할 수 있어서 좋았는 걸요.

"그런데 무슨 생각을 그렇게 골똘히 하고 있었어? 내가 들어오는 것도 모르는 것 같던데."

"아~ 예. 그냥 창밖을 보고 있으려니까 그동안 접어두었던 일이 갑자기 생각나서요."

"뭔데?"

왕언니, 눈을 동그랗게 뜨고서 묻는다. 나는 못이기는 척 고민을 살며시 털어놓았다. 어쩌면 왕언니에게 기대고 싶은 마음이 있었는지도. 그렇다. 기대고 싶었다. 인생의 선배로서 지혜를 들려줄 수 있을 테니까. 잠시 후, 느닷없

이 질문하는 왕언니.

"후훗~ 그런데 집에서 나와 살 집은 정했어? 나와 살 돈은 있고?"

물론이죠. 혼자 고민하면서 계산기도 두드려보았다. 어느 곳에 집을 얻는 것이 좋은지, 몇 평이 적당한지, 관리비는 얼마나 들지, 한 달 생활비는 얼마나 들지 등등. 요모조모 다 따져봤다고요. 그것도 안 하고 집에서 나올 결심을 했을까봐요? 그런 풋내기는 아니랍니다.

"이미 결정을 내린 것 같은데 뭘. 그렇게 결정했으면 실행에 옮겨야지. 심사숙고를 해도 실행에 옮기지 않으면 아무 소용이 없어. 단, 실행에 옮기기 전에 충분히 생각하는 게 중요한데, 내가 보기엔 이미 그 과정을 다 마친 것 같은데."

그럼요. 몇날며칠을 아니 몇 년을 심사숙고한 건데요. 그런데 부모님이 허락해주실까요?

"지금 마음 그대로, 어떻게 할지 정한 걸 그대로 말씀드려. 그러면 부모님도 이해해주실 거야. 그리고 부모님이 허락하시면 빠르게 행동하도록 해. 성공한 남자들이 그렇게 행동하거든. 결정되면 아주 빠르게 말이야."

뭐라고요? 나는 왕언니가 말한 의미를 깨닫기 위해 마음속으로 질문을 던져본다. 성공한 남자들은 빠르게 행동한다? 이런 나의 마음을 꿰뚫어본 것처럼 왕언니가 다시 입을 떼었다.

"응. 결정되면 번개보다 빠르게 행동하지. 물론 결단을 내리기 전엔 반드시 심사숙고하고 말이야. 비즈니스에서는 순간의 선택이 기업의 운명을 뒤바꾸는 결정타가 되기도 하잖아. 그래서 어떤 것을 취하고 버릴 것인지 고민을 하지. 그런 남자들을 보면 있잖아, 그럼 아주 황홀해져."

뭐가 황홀하다는 건가. 뚱딴지같은 왕언니의 말에 그만 어리둥절했다.

"왜 황홀하냐면, 결단 뒤에 숨은 냉정함을 엿볼 수 있기 때문이야. 결단을 내리기 전까지 아주 차가워. 절대 주관적이 되지 않거든. 어떻게 하는지 알아? 우선 눈을 크게 뜨고 좋은 정보를 찾고, 그 중에서 옥석을 가려. 그런데 이렇게 정보만 수집한다고 해서 되는 것은 아니잖아. 정보 수집이 끝난 후에 세심하게 분석하고 그 분석이 옳다고 판단되면 즉각 실행에 옮기지. 이게 중요한 거야. '실행에 집중하라' 이런 제목의 책도 있잖아."

　"정보 수집도 중요하지만 그보다 더 중요한 것이 실행
이라는 말이군요."

　"그렇지! 성공한 남자들과 그렇지 못한 남자들의 차이
가 바로 이거야. 좋은 정보를 수집하고도 즉각 실행했
느냐 아니면 망설였느냐에 따라 성공 여부가 갈리니
까. 요즘이 어떤 세상이야. 하루가 다르게 변하고 있잖아.
그래서 재빠르게 실행해서 시장을 장악하는 자가 승리하
는 거지."

　그건 그렇다. 아무리 좋은 정보를 가지고 있으면 뭣하
겠는가. 실행하지 않으면 아무 소용없는 걸.

　그러니까 성공한 남자들은 '이거다' 싶으면 과감하게
밀어붙인다는 것이다. 그렇지만 결단에 앞서 항상 충분한
정보 수집과 사전 점검, 세밀한 분석을 한다. 조금은 느리
게 생각하는 듯 심사숙고하고, 그 이후에는 빠르게 실행한
다. 그런 남자가 바로 성공할 가능성이 높다는 말이다. 그
런데 이런 남자를 찾을 수 있을까요?

　"성공한 남자들은 '왕방울 눈 당나귀 귀' 전략을 가지고
정보를 수집하거든. 그것처럼 왕방울 눈 당나귀 귀 전략으
로 주위를 둘러봐. 분명히 그런 남자가 있다고."

왕방울 눈 당나귀 귀 전략이라. 그래 눈은 크게 뜨고 귀
는 활짝 열고 주위를 둘러보자. 이런 전략으로 남자를 찾
는다면 분명 언젠가 눈앞에 나타날 것이다. 짜잔~ 하고.

<sup>셋</sup>
# 시간을 지배한다

저마다 좋아하는 숫자가 하나씩 있다. 자신이 태어난 달이라든지 학창 시절 출석부 번호라든지, 왠지 모르게 끌리는 숫자가 있다. 나는 숫자 3을 참으로 좋아한다. 내가 태어난 달도 날도 아니거니와 학창시절 출석부 번호도 아닌데 왠지 모르게 끌린다. 아직도 그 이유는 모른다. 그냥 좋다.

그래서일까. 나는 왕언니와의 세 번째 만남을 설레는 마음으로 고대하고 있었다. 첫 번째, 두 번째보다 더욱더. 부푼 기대로 하루하루를 보내고 있던 어느 날. 반가운 벨 소리가 울렸다. 왕언니만을 위해 특별히 설정해놓은 벨소리가 울린 것이다.

"잘 지냈어? 보여주고 싶은 곳이 있는데, 같이 가지 않을래?"

두말하면 잔소리예요. 당연히 나가야죠. 왕언니의 전화를 받기 전까지 침대에서 이리 뒹굴 저리 뒹굴 하면서 뭉개고 있던 나는 벌떡 일어났다. 후다닥 샤워를 마치고 왕언니를 만나러 집을 나섰다. 들뜬 마음에 룰루랄라 콧노래까지 부르면서.

어느새 왕언니 가게에 도착해 계단을 성큼성큼 올라가는데 왕언니가 내려오는 것이 아닌가.

"지금쯤 도착할 줄 알았지. 딱 맞춰 내려왔네. 나하고 서초동 가자~."

서초동! 왕언니가 최근 제2의 봉우리를 런칭한 곳이다. 그간의 노하우를 바탕으로 법조 타운에 진출한 것이다. 서초동 봉우리는 한옥에서 모티브를 가져온 자연주의적 인테리어로 눈길을 사로잡는다. 홀 가운데 '물위' 자리 아래로 자그마한 연못이 있다. 그 안에 형형색색의 금붕어들이 노닐고 있다. 양 옆으로는 '더불어함께'와 '쉴 만한 물가'라고 이름 붙은 방이 있다.

　방문을 열어 슬며시 안을 들여다보니 방이 아니다. 마치 한 폭의 수묵화 같다. 자세히 보면 한지 벽지인데 멀리서 보면 마치 수묵화를 그려놓은 듯하다. 벽지를 비롯해 전통 가구의 소품까지. 여기서 또다시 하나하나 세심하게 신경 쓴 왕언니의 마음 씀씀이를 고스란히 느낀다. 그래서일까. 들리는 소문에 따르면 벌써 서초동의 '명소'로 떠오르고 있다고 한다.

　서초동 봉우리를 연 후에 왕언니는 두 배로 바빠졌다고 하는데, 여기서 잠깐! 왕언니의 하루 일과를 소개한다. 오전 6시 정도 기상. 두 시간 정도 조간신문과 책을 훑어본 후 아침식사를 준비한다. 식사 후에 남편을 출근시키고 왕언니도 서둘러 준비한다. 그리고는 미장원으로 간다. 그날의 의상 컨셉에 맞춰 머리를 하기 위해서다. 한복을 입어야 하는 날이면 머리를 올리고, 양장을 입어야 하는 날이면 그냥 드라이만 한다.

　이렇게 차비를 마친 왕언니가 역삼동 봉우리로 출근하는 시간은 아침 10시 정도. 직원들과 인사를 나눈 후 역삼점의 점심시간 예약 손님을 파악한다. 그 후에 서초동으로 간다. 도착하면 11시 30분경. 아직 점심 손님이 오기 전까지는 30여 분의 여유가 있다. 그동안 직원들의 애로사항은 없는지, 점심 예약 상황은 어떤지 등을 점검한다. 그렇게 해서 별다른 일이 없으면 중간 서빙이 될 즈음 다시 역삼점으로 돌아온다. 식사를 마친 손님을 배웅하면서 점심시간을 마무리하기 위해서다. 그러고 나면 2시. 저녁식사 시간까지 대략 서너 시간의 여유가 생긴다.

이때를 이용해 잠시 토막잠을 자는 왕언니. 하지만 이건 시간 여유가 있을 때다. 대개는 방송국 촬영을 한다든지 김치 강의를 한다든지 해서 오후 일정도 빼곡히 짜여 있다. 한정식집 운영과 더불어 명품 김치사업도 병행하고 있기 때문이다. 김치 교실도 정기적으로 열고 가끔은 백화점에 특강도 나간다. 더구나 김장철에는 인기절정이라 무척 바쁘다고 한다. 이렇게 오후를 보내고 저녁 6시가 되면 저녁식사 손님을 맞을 준비를 한다. 서초동과 역삼동을 번갈아가면서. 하루 일과가 끝나는 시간은 대략 10시에서 11시경이라고 한다.

한가할 틈조차 없다. 눈코 뜰 새 없이 바쁘다. 누구나 하루는 24시간. 그 시간을 왕언니는 고무줄처럼 늘려서 48시간을 살고 있는 듯하다. 시간을 제대로 활용하는 '시간의

달인’이다.

“무슨~ 다들 그렇게 살고 있지 않나?”

아니요. 시간을 허투루 쓰는 사람들이 얼마나 많은데요. 저도 나름대로 시간 관리 한다고 하지만 왕언니의 일과를 들여다보니 부끄러운 걸요. 곰곰이 생각해보니까 쓸데없는 일에 수없이 많은 시간을 쓰고 있는 것 같다.

“너무 자책하지 마. 나도 예전엔 그랬어. 그런데 성공한 남자들을 보니까 이건 아니다 싶더라고. 그들은 쓸데없는 일로 시간을 빼앗기지 않거든. 1분 1초가 너무나 귀중하대. 그리고 할 수만 있다면 시간을 붙잡고 싶대. 우리 집에 점심이나 저녁을 먹으러 오는 것도 다 업무의 연장이 되는 경우가 많아. 식사하면서도 비즈니스를 하거든. 이런 자리를 통해서 새로운 프로젝트를 제안하기도 하고, 계약을 성사시키기도 하고.”

“아~ 식사시간도 살아있는 비즈니스 현장이 되는군요?”

나의 질문에 왕언니는 잠시 회상에 잠기는 듯하더니, 계속해서 말을 이었다.

“응. 한번은 이런 적이 있었어. 어느 회사에서 외국 바

이어와 중대한 계약을 앞두고 우리집에서 식사를 하게 됐거든. 식사 전에 사정을 미리 얘기하면서 각별히 신경 써 주면 좋겠다고 하더라고. 그래서 직원들에게 신신당부를 했지. 무사히 식사를 마치고 돌아갔는데, 글쎄 그 다음날 가게로 꽃바구니 하나가 배달되어온 거야. 성공적인 저녁 식사 덕분에 새로운 계약이 성사되었다고. 그런 걸 보면 단순한 식사가 아니라는 의미지."

"그러네요. 계약이 성사되느냐 마느냐를 판가름할 수 있는 중요한 자리가 된 거군요?"

"그렇지. 남들은 비싼 돈 주고 밥 먹는다고 생각할 수도 있지만, 사실 비즈니스 상대와 식사하고 술 마시는 것도 중요한 일이거든. 한번 생각해 봐. 삼겹살 먹으면서 중요 한 비즈니스 얘기를 할 수 있겠어?"

아마도 고기 타지 않도록 뒤집느라고 정신없을 것이다.

"맞아. 비즈니스를 하는 사람들에겐 밥 먹는 자리도 역 시 중요해. 이젠 내가 비즈니스의 연장이라고 말하는 이유 를 알겠지? 이렇게 성공한 남자들은 시간 활용을 정말 잘 해. 쓸데없는 일에 허투루 시간을 빼앗기지도 않고. 그리 고 또 하나의 특징이 뭔지 알아? 바쁘게 사는데도 바쁘

다는 말을 함부로 하지 않아.”

바쁘면 바쁘다고 하지 왜 말하지 않는 거지? 이해할 수가 없다. 뾰로통한 얼굴의 나를 보더니 피식 웃으며 답하는 왕언니.

“그들에게는 바쁜 게 당연한 일이거든. 오히려 너무 바빠서 그것을 느낄 틈조차 없대. 그리고 어떤 분은 그렇게 바쁜 걸 즐긴대. 그건 자기가 해야 할 일이 있는 거고, 자기를 필요로 하는 일이 많다는 의미로 받아들인다는 거야.”

그러니까 성공한 남자들은 바쁜 게 당연한 것이고, 그걸 즐긴다는 말이군요. 곰곰이 생각해보니 그렇다. 성공하지 못한 남자들은 항상 쓸데없는 일에 시간을 허비하고 바쁘단 말을 입에 달고 사는 것 같다. 이는 시간 관리에 실패해서 그럴 때가 허다한 경우가 많다.

“이런 말 들어봤지? 성공하고 싶다면 시간 관리부터 하라. 내가 만나본 성공한 남자들은 모두 시간을 관리하는 데 탁월해. 아니, 관리의 차원을 넘어서 시간을 지배하는 것 같아.”

나는 왕언니가 한 말을 되새겨보았다. 그렇다. 시간을 어떻게 활용하느냐가 바로 성공을 좌우한다. 왕언니의 말처럼 시간을 관리하거나 지배하는 남자라면 성공은 따 놓은 당상일 것이다. 쓸데없는 일에 시간을 뺏기는 남자, 바쁘다고 핑계 대는 남자. 이제부터 이런 남자는 노땡큐다!

# 사람에 대해선 이해관계를 초월한다

역삼동으로 돌아오는 길. 왕언니, 서초동 가게의 문을 열고 나와 조수석으로 향하는 나를 부른다. 그리고는 갑자기 자동차 키를 내미는 게 아닌가.

"운전할 줄 알지? 피곤해서 그런데, 부탁 좀 해도 되지?"

이렇게 큰 차를? 여기서 살짝 밝히면 왕언니의 차는 그랜저TG다. 당연히 나는 한 번도 운전해본 적이 없는 차다. 덜컥 겁부터 났다. 하지만 초췌해 보이는 왕언니의 모습을 보니 차마 거절할 수가 없었다. 사실 왕언니는 운전을 즐기지 않는다고 한다. 기계치인데다 도로는 무법천지. 온 신경을 집중해 운전해야 하기 때문에 절로 피곤해진다고 한다. 그래도 그렇지. 한두 번 만난 나에게 자동차 키를 순순히 건네주다니. 한마디로 대범하다.

운전 솜씨는 제법 수준급이라고 여기고 있는 나. 종종 '베스트 드라이버'라는 소리도 듣는다. 그럼에도 불구하고 내겐 너무 큰 차다. 행여 사고라도 내면 어쩌나 하는 조마조마한 마음으로 운전대를 잡았다. 의자 위치를 조정하는 방법을 몰라서 한참을 헤맸다. 출발하려고 액셀러레이터를 살짝 밟았다. 스윽 하고 나간다. 너무나 부드럽다. 제법 운전하는 맛이 나겠는 걸. 그래도 조심 운전! 주의를 집중하면서 차를 몰았다. 그런데 내 모습이 너무 긴장돼 보였나. 왕언니, 툭 한마디 던진다.

"보험에 가입돼 있으니까 마음 놓고 운전해. 사고 나도 괜찮아."

그러면서 얼마 전에 들었다는 유머 시리즈를 들려준다. 피곤하다면서도 운전하는 나에게 미안했나보다. "이 얘기 들어봤어?" 하면서 계속 이야기보따리를 풀어놓는다. 왕언니의 배려에 뭉클해졌다. 마음을 바꿔먹기로 했다. '그래! 보험도 들어 있는데 겁낼 것 없잖아. 차만 조금 클 뿐 운전은 다 똑같은 거야.' 하지만 부담스러운 건 변함이 없

다. 교대역에서 역삼역까지의 거리가 서울에서 대전에 내려가는 거리와 같았다. 10분 남짓한 시간이 그렇게 길게 느껴질 수가 없었다.

고지가 점점 가까워지고 있는 순간, 갑자기 전화벨 소리가 울린다. 한 손으로는 운전대를 잡고 다른 손으로는 허둥지둥 핸드폰을 찾았다. 그런데 내 벨소리가 아니다. 앗! 왕언니에게 온 전화였다.

"여보세요. 예, 뭘요. 즐겁게 식사하시는 모습을 보니까 제가 다 기분이 좋던 걸요. 앞으로 또 부탁하셔도 돼요. 언제든지 환영이에요. 예, 그럼 다음에 또 식사하러 오세요."

환하게 웃으며 전화를 끊는 왕언니. 무슨 전화기에 저리 반색하고 좋아할까. 조심스레 물어봤다.

"어, 우리집 단골손님인데 고맙다고 그러시네."

아니, 뭐가 고맙다는 거죠? 너무 시시콜콜히 물어보는 건가.

"아니야. 우리집은 월요일부터 토요일까지는 열심히 일하고 일요일엔 쉬는 게 원칙이거든. 10년 동안 변함없이 지켜오고 있었는데 얼마 전 이 원칙을 깬 적이 있었어. 방금 전화거신 사장님 때문에⋯⋯."

왕언니가 10년 동안 지켜온 원칙을 깨게 만들고, 그 사장님이 고마워한 일은 대체 뭘까?

"그 사장님이 50년 만에 초등학교 은사님을 모시게 되었대. 정중히 대접해드리고 싶어서 여러 군데를 알아봤는데 왠지 2퍼센트 부족한 느낌이 들더래. 어쩌지 하고 고민하고 있는데 갑자기 우리집이 떠오르더래. 딱 어울릴 거 같다고 예약할 수 없겠냐고 물어보시더라고. 물론 좋다고 했지. 그런데 문제는 일요일 조찬 모임이라는 거야."

"그랬겠네요. 일요일엔 쉰다고 하셨잖아요?"

"응. 50년 만에 은사님을 특별한 곳에서 모시고 싶어서 그런다는데 어떻게 거절하겠어. 그 마음이 너무나 소중하잖아. 아무런 망설임도 없이 그러자고 했지. 그렇게 대답하고는 바로 주방장하고 직원들에게 달려가서 통사정을 했지. 일요일에 쉬어야 하는데 정말 미안하다. 그래도 우리집에서 이런 뜻 깊은 자리를 마련하려는 마음이 너무 고맙지 않느냐. 우리가 그 자리를 마련해드리자고 하면서. 다행히 다들 동의하더라고. 그래서 지난 일요일 조찬 모임을 열어드렸지."

"그런데 50년 만의 제자 상봉 모습은 어땠어요? 감격스

러웠을 것 같은데요?”

“물론이지. 여든이 넘은 초등학교 은사님과 오십이 넘은 제자가 계단을 함께 올라오는데 가슴이 찡~한 거 있지. 이익에 아무 관계없이 가슴으로 만나는 모습이 너무나 감동적이었어. 정말 잘했다 싶더라고.”

그랬겠다. 고맙다는 인사만 받을 게 아니라 오히려 그분께 고맙다고 해야 할 것 같다. 그런 감동의 순간은 아무나 볼 수 있는 게 아니지 않은가.

“그렇지. 오히려 내가 더 감사드려야지. 그런데 말이야, 성공한 사람들은 꼭 이렇더라.”

성공한 사람들이 뭐가 어떻다는 거죠? 왕언니의 갑작스런 화제 전환. 당혹스럽긴 하지만 그래도 귀를 쫑긋 세웠다.

“성공한 사람들은 필요할 때만 사람을 찾지 않아. 오히려 상대의 도움이 필요 없을 때 상대와 좋은 관계를 유지하는 경우가 많아. 생각해보면 여든 넘은 은사님이 그 사장님한테 무슨 도움이 되겠어. 이제 현직에서 은퇴하신 분인데.”

맞는 말씀! 그러니까 성공한 남자들은 필요에 따라서만

사람을 만나지 않는다는 건가요?

"응. 필요에 따라서만 사람을 찾으면 아마 상대도 알 거야. 평상시에는 연락이 없다가 연락이 오는 경우 있잖아. 그건 십중팔구 대개 뭔가 필요할 때거든. 그런데 성공한 남자들은 그렇지 않아. 평상시에도 사람을 대하는 태도가 항상 똑같아. 필요할 때만 사람을 찾지 않고 항상 좋은 관계를 유지하려고 노력해. 게다가 슬픈 일은 반드시 함께 하지."

알았다! 성공한 남자들은 사람을 대할 때 얄팍하게 행동하지 않는군요. 필요에 따라서 사람을 가까이 두거나 친하게 지내지 않는다, 언제나 가까이 지내면서 인간관계를 형성해긴다, 이런 특징을 가지고 있군요. 그렇게 형성된 다양한 인맥이 성공의 밑거름이 되는 건 당연하구요.

어떻게 보면 평범한 진리다. 하지만 이런 관계를 유지하느냐 그렇지 않느냐가 성공한 남자와 그렇지 않은 남자를 판가름할 수 있는 잣대가 될 수 있겠다는 생각이 든다. 그러고 보니 이렇게 해서 나도 성공한 남자를 알아볼 수 있는 잣대가 하나 생겼다. 앗싸~ .

# 흥미로운 일을 찾느라
# 시간을 낭비하지 않는다

화창한 어느 봄날 토요일 오후. 날은 좋건만 불러주는 이는 없다. 그렇다고 불러낼 이가 있는 것도 아니다. 결혼식이라든지 돌잔치 같은 이벤트도 없다. 딱히 할 일이 없는 나. 무료함을 달래볼 요량으로 노트북 앞에 앉았다. 만인의 친구, 인터넷을 불러냈다. 그리고는 서핑 삼매경에 빠져 있는데 나를 구원하는 한 통의 전화가 울렸다! 왕언니다.

"나 지금 덕소에서 쑥 캐고 있는데 뭐하고 있어?"

"저요? 그냥 있어요."

"그래? 그럼 지금 덕소로 올래? 여기 진달래도 피어 있고,

개나리도 피어 있고, 너무 좋아. 여기서 나랑 저녁 먹자!"

진달래! 개나리! 그리고 저녁! 환상이다. 망설일 것도 없다. 바로 집을 나섰다. 토요일이라 차가 막히지 않을까 살짝 걱정되기는 했지만 그 정도야 감수해야지. 무료한 나를 찾아주는 이가 있는데 어딘들 달려가지 않으리. 그것도 다름 아닌 왕언니가 부르는데 말이다.

여기서 잠깐! 왕언니가 덕소에 있는 이유를 간단히 짚고넘어가자. 왕언니의 한정식집은 김치로 유명하다. 조미료를 넣지 않은 우리 고유의 맛을 고스란히 살린 김치다. 모든 밥상의 주인은 김치라고 생각하는 왕언니. 몇 년 전에 김치 파동 이후 우리의 밥상을 지키기 위해 김치사업에 뛰어들었다. 김치를 숙성할 장독을 묻고, 숙성시키기 위한 장소로 덕소를 선택했다. 그곳에는 현재 500여 개의 김칫독이 묻혀 있다. 참, 왕언니는 '김치명인'으로도 통한다.

다행이 차는 그리 막히지 않았다. 팔당대교를 지나 터널 두서너 군데가 정체되긴 했지만 극심한 교통체증은 아니었다. 양수리로 접어들어 쭉 달리다가 '샘터파랑새극장' 표지판이 보이면 좌회전하라고 했는데, 맞나? 전화를 걸어 물어볼까? 이때 또다시 울리는 전화. 역시 왕언니다.

“어디야?”

“여기 샘터파랑새극장 표지판 앞이요. 여기서 좌회전하라고 했던 것 같은데 맞아요?”

“응, 맞아. 잘 찾아왔네. 그 길로 좌회전해서 쭉 직진해. 그래서 한 10분 정도 오면 언덕이 나올 거야. 내가 거기 서 있을게.”

좌회전해서 접어든 길은 예술이다. 번잡한 양수리와는 다른 광경이 펼쳐졌다. 시끄러운 소음도, 현란한 네온 간판도 없다. 대신 자연 그 자체, 푸르른 산만이 있을 뿐이다. 국도변처럼 호젓한, 그래서 드라이브를 하기에 더없이 좋은 길이다. 차문을 활짝 열고 냄새를 맡아본다. 상큼하다. 산길을 달리는 것이 아니라 마치 자연 속으로 빨려들어가는 것 같다.

얼마나 달렸을까. 10분 정도 가면 된다고 했는데. 서서히 속도를 늦춰 주변을 살피는데 저 멀리 사람 모습이 보였다. 몸뻬 바지에 현란한 꽃무늬 티셔츠를 입은 아줌마다. 시골 아줌마려니 하고 그냥 지나치려는데 내 차를 보고는 손을 마구 흔드는 것이 아닌가. 왕언니? 맞다. 도대체 세련된 왕언니는 어디로 가버리고 시골 아낙네로 변신한 거지? 멋쩍은 듯 웃으며 사정을 설명하는 왕언니.

"날씨가 갑자기 더워져서 언니 옷 입었어. 웃기지?"

아니라며 고개를 흔들어 보였다. 그러나 사실 좀 웃기긴 웃겼다. 왕언니에게 몸빼 바지라니, 전혀 어울리지 않는다. 더구나 햇빛에 얼굴도 빨갛게 익어 있는 게 언뜻 보면 영락없는 촌구석 아낙네의 모습이다. 나오려는 웃음을 억지로 참기 위해 고개를 한참을 돌리고 있어야만 했다. 그런데 이건 또 뭐지? 왕언니 옆엔 쑥이 수북이 쌓여 있는 소쿠리가 있는 게 아닌가.

"어~ 쑥떡 좀 해서 서초점 손님한테 돌리려고. 여기 쑥이 너무 좋다. 연하고 부드러운 게 쑥떡하면 정말 맛있을 것 같아. 아침부터 뜯어서 아까 김치 실러 온 차에 한 차 실어 보내고 다시 뜯는 거야."

"아침부터 왕언니 혼자서 쑥을 뜯었다고요?"

"응. 아침에 과일 사러 가면서 보니까 쑥이 많더라고. 그래서 시작했는데 시간가는 줄 모르겠더라. 나랑 같이 쑥 뜯자. 논둑길 따라 쑥 뜯는 거 아주 재미있어."

음~ 한번 해보죠. 왕언니랑 같이 하는 일에 무언들 재미있지 않을까. 친절한 왕언니, 햇빛 가리라면서 모자를

건네준다. 모자를 눌러쓰고 왕언니를 따라 쑥을 뜯기 시작했다. 한 손으로 쑥을 잡고 뿌리 부분을 칼로 툭 자른다. 그러고는 소쿠리에 휙 던진다. 이게 끝이다. 무슨 요령이 따로 있는 것도 아니다. 간단하다. 절로 신이 난다. 코끝을 간질이는 쑥의 향도 좋다. 얼마나 했을까? 어느새 소쿠리엔 쑥이 한 가득이다.

"잘 하네~ 어때? 쉽고 재밌지?"

"예. 아주 쉽네요. 근데 서울에서도 쑥 팔지 않아요? 힘들지 않으세요?"

"물론 서울에서도 팔지. 하지만 내가 뜯은 쑥으로 만든 떡, 그건 의미가 다르잖아. 사실 얼마 전부터 서초점 손님들을 위해서 뭔가 특별한 걸 만들면 좋겠다고 생각하고 있었거든. 근데 여기 쑥을 보니까 쑥떡이 딱 떠오르는 거야."

덕소에는 쉬러 온 거 아니었나? 여기 와서도 일 생각을 하고 있었단 말인가.

"응. 난 한번 뭐에 집중하면 계속 그 생각만 하거든. 요즘은 서초점 생각뿐이야. 손님들에게 뭘 주면 좋을까? 음식은 입에 맞을까? 어떻게 홍보하면 손님이 많이 올까? 온 종일 이런 생각뿐이야."

무슨 일을 하든지 서초점과 연관 지어 생각된다는 왕언니. 무슨 특별한 이유가 따로 있을 것 같다.

"글쎄. 내가 일을 즐기는 타입이라서 그런가. 내가 하는 일을 한 번도 재미없다고 생각해본 적이 없어. 무슨 일이든 일단 관심을 가지고 보면 다 재미있거든."

"자신이 하는 일을 재미없어 하는 사람치고 성공한 사람 못 봤다고 하던데, 그런 거예요?"

"그래? 그래서 그런가? 내가 만난 성공한 남자들도 일이 재미없어 본 적이 없다고 하던데. 일이 너무 재미있어서 어떻게 시간이 가는 줄 모르겠대. 밤늦도록 일하다가 퇴근해 집에 들어가서도, 빨리 회사가야 하는데 왜 날이 안 밝는지 모르겠다고 하더라고. 내가 아는 건설회사 회장님 중에 주방하고 화장실 설계하는 걸 너무 재미있어 하는 분이 있거든. 그분이 어느 날은 도면을 집에 가져가서 그리는데 글쎄 어느새 날이 훤히 밝았다는 거야."

일이 얼마나 재미있기에 날이 새는 줄도 모르고 그렇게 일에 빠져 있었던 걸까. 역시 성공한 사람들은 뭔가 달라도 다른가보다.

"응. 근데 내가 보기엔 관심인 것 같아. 어떤 일이 주어지든지 먼저 관심을 가지려고 노력한다고 하거든. 그렇잖아. 일을 시작하기도 전에 지레짐작으로 이 일은 재미없겠다, 그렇게 생각하면 정말 재미가 없잖아. 근데 성공한 남자들은 어~ 이 일엔 어떤 재미가 있을까? 이렇게 관심을 가지고 들여다보는 것 같더라고. 그러니까 일 속에서 나름의 재미를 찾아내지. 그러고는 일에 깊이 몰입해서 즐기고."

아하~ 성공한 남자들은 일에 몰입하고 즐기는군요. 그러기 위해서는 우선 일에 관심을 가지고 들여다본다는 말이죠. 흥미 없고 따분한 그저 그런 일이라고 생각하느냐, 재밌는 무언가가 숨어있는 일이라고 생각하느냐 그 생각의 차이가 결국은 상반된 결과를 불러올 수도 있고요.

성공할 남자를 찾고 싶을 때 이러면 되겠다. 일하는 모습을 눈여겨보고 재미있게 즐기는 남자를 찾으면 될 것 같다. 그러면 50퍼센트는 성공할 확률이 있을 테니까. 그 날 나는 쑥만 뜯은 게 아니라 성공할 남자를 보는 안목도 더불어 채취했다. 기쁘다!

# 약속시간으로 주도권을 잡는다

으아악~! 지각이다. 알람이 울렸을 때 10분만 더~ 하고 게으름을 피운 게 화근이다. 족히 30분은 늦겠다. 그것도 미팅 약속에 말이다. 이렇게 난감할 때가 있으랴. 그래서 되도록이면 아침 일찍 미팅 약속을 잡지 않으려고 한다. 하지만 이미 엎질러진 물을 어쩌랴. 조금이라도 시간을 단축하기 위해서 서둘렀다. 늦은 와중에도 급히 서둔 탓일까. 가까스로 제 시간에 도착할 수 있었다.

휴우~ 안도의 한숨을 내쉬면서 회의실 문을 열었다. 그런데 이건 또 무슨 일이람. 다들 아침형 인간이란 말인가.

한 자리를 제외하고 모두들 착석해 있었다. 미안함에 나는 고개를 들지 못했다. 마치 크나큰 죄를 지은 사람마냥. 프레젠테이션을 준비한 상대는 술술술 유창하게 회의를 주도해나갔다. 상대의 이야기를 들으며 머릿속으로 할 말을 찾았다. 하지만 자신 있게 꺼내놓지 못하고 우물쭈물 주저하며 입을 떼지 못했다. 약속시간에 맞춰왔는데도 불구하고 왠지 미안한 마음에 말 한 마디를 제대로 못한 것이다.

그렇게 회의시간을 보내고서 오후 내내 찜찜한 기분에 휩싸였다. 아침부터 허둥대서 그런가. 계속 시간에 쫓기는 것만 같다. 오늘 따라 할 일은 왜 이리 많은지. 그리고 왜 이리 안 풀리는지. 하루 종일 일에 치여 허덕이다가 퇴근했다. 회사를 나서는데 발걸음이 무겁다. 마치 볼일 보고 뒤처리를 제대로 안 한 것처럼 자꾸만 걸린다. 울적한 마음을 가눌 길이 없다. 집으로 향하던 나는 방향을 급전환했다. 왕언니를 만나자. 위로를 받자. 그러면 힘이 날 테지. 핸드폰 단축 버튼을 눌렀다.

"잠깐 봤으면 하는데요, 바쁘세요?"

왕언니, 나의 심상찮은 목소리를 감지한 듯하다.

"좀 바쁘긴 한데 잠깐 얼굴 볼 시간은 있지. 지금 여기로 오고 있는 길 아냐?"

어떻게 알았지? 왕언니 돗자리 깔고 앉아도 되겠다. 아니면 내 목소리에 그렇게 티가 났나.

"기다리고 있을 테니까 천천히 와."

고마운 왕언니. 전화 통화만으로도 벌써 위로가 되는 듯하다. 이미 마음은 왕언니에게로 달려갔다. 그 마음을 따라잡으며 발걸음을 재촉했다. 불현듯 노천명 시인의 '임 오시던 날'이란 시가 떠오른다. '임 오시던 날 버선발로 달려가 맞았으련만'이란 시구로 시작되는 시가 말이다. 왜냐고? 왕언니를 만나러 가는 지금 내 모습이 오시는 임을 맞이하기 위해 버선발로 달려가는 것 같으니까.

왕언니의 이야기는 청산유수다. 줄줄줄 막힘이 없다. 그런데 오늘은 나를 만나자 빙그레 웃기만 하고 도통 말이 없다. 단지 이 말뿐.

"오늘 안 좋은 일이 있었구나. 그래서 내가 보고 싶은 거였고."

그 말에 나는 주룩~ 하고 눈물이 흐를 뻔했다. 그렇다고 아무데서나 눈물을 보여서는 안 되는 법. 눈물을 삼키며 왕언니에게 오늘 있었던 일을 들려주었다. 따뜻한 위로

를 기대하면서.

"잘못했네. 운 좋게 시간에 딱 맞춰 가긴 했지만 그건 지각한 거나 마찬가지야. 회의시간에 딱 맞춰 가는 사람이 어디 있어?"

나의 기대는 완전히 빗나갔다. 위로해줄 줄 알았는데 오히려 따끔하게 혼내는 게 아닌가.

"미팅도 비즈니스잖아. 비즈니스에서 시간은 곧 생명이야. 무슨 일이 있어도 약속시간을 철저하게 지켜야지. 그건 기본이라고."

"그래요. 그래서 저도 서둘러 나가서 약속시간에 맞게 도착했잖아요."

"다른 사람들은 일찍 와서 기다리고 있었다며? 그래서 말 한 마디 못했다며? 지금 그래서 속상한 거고. 할 말도 제대로 못해서 말이야."

맞다. 그러고 보니 할 말도 제대로 못한 내가 바보 같아서 하루 종일 그렇게 우울했던가보다.

"비즈니스를 성공으로 이끌려면 상대보다 미리 도착해 있어야 돼. 그게 왜 중요한지 알아? 그래야 주도권을 잡을 수 있거든."

주도권이라구요? 약속시간 얘기를 하다가 갑자기 주도권 얘기가 왜 나오는 거죠?

"오늘 어땠어? 제 시간에 갔어도 다른 사람들이 미리 도착해 있으니까 미안했지? 미안한 마음에 고개만 숙이고 상대의 이야기를 열심히 듣기만 했을 테고?"

놀랍다. 마치 그 자리에 있었던 것처럼 상황을 훤히 꿰뚫어보는 왕언니.

"상대보다 늦으면 누구나 일단 먼저 미안한 마음이 생겨. 그리고 그런 마음이 들면 오픈 마인드가 돼서 상대의 이야기를 듣게 되지. 미안하니까 이쪽은 말을 제대로 할 수도 없고. 이게 바로 주도권이야. 미안한 느낌이 드는 순간 상대에게 주도권을 뺏기고 만 거야. 상대는 자동으로 주도권을 잡는 거고. 그래서 성공한 남자들은 늦는 법이 없어. 30분 먼저 도착하지 제 시간에 오지 않아. 물론 30분 늦게 도착하는 경우도 없고."

바쁜 분들인데 약속시간보다 30분이나 먼저 도착한다고요? 그건 30분이라는 시간을 버리는 것 아닌가?

"그렇게 생각하는 건 오산이야. 일찍 온다고 해서 멍하니 시간을 보내고 있지 않거든. 신문 좀 가져오라고 해서 읽고 있거나 미리 가지고 온 책을 읽고 있어. 때로는 상대에게 무슨 말을 할지 찬찬히 정리해보기도 하구. 30분 일찍 와서도 유용하게 보내면 그건 시간을 버리는 게 아니지. 거기다 주도권이라는 키까지 잡을 수 있잖아. 주도권을 잡으면 설득자가 되지만 주도권을 빼앗기면 설득당하는 대상이 되거든.”

성공하려면 약속시간을 철저히 지키라고 하는데 그게 아니군요. 약속시간보다 일찍 와야 되는군요. 그래야 주도권을 잡고 상대에게 자기 생각이나 의견을 관철시킬 수가 있을 테니까 말이다.

이제부터는 약속시간보다 30분 일찍 도착할 수 있도록 해야겠다. 그리고 남자를 볼 때도 늦게 오는 남자는 쳐다보지도 말아야겠다. 성공은 이미 물 건너갔을 테니까. 그럼 제 시간에 맞춰 오는 남자는 어떻게 하지? 봐줘야 하나? 알쏭달쏭한 걸. 이건 다음에 왕언니 만날 때 다시 물어봐야겠다.

일곱
# 책 읽을 시간을 억지로 만들지 않는다

**따끔한** 일침으로 나를 깨우쳐준 왕 언니. 고마움을 어떻게 전달할까 고민하던 나는 선물을 하기로 결심했다. 액세서리? 꽃? 그것보다는 뭔가 더 의미 있는 것을 찾자! 그래! 결심했어! 나는 서점으로 달려갔다.

인터넷 서점만 이용해서 그런가. 오랜만에 찾은 서점은 많이 변해 있었다. 이전보다 더욱 넓어지고 쾌적한 분위기다. 책도 어찌나 많은지 서점을 둘러보는 재미가 쏠쏠하다. 마음에 드는 책을 들어 한 장 한 장 넘기며 읽어볼 수도 있다. 인터넷 서점보다는 비싸지만 오프라인 서점에 나와서 구입하는 묘미가 바로 이런 거겠지. 아차차! 내 책이 아니라 왕언니 책을 사러 나온 거지.

어떤 책이 좋을까? 이 책은 읽었을까? 둘러보면 둘러볼수록 오히려 첩첩산중이다. 어떤 종류의 책을 즐겨 읽는지 미리 파악해둘 걸. 센스 제로다. 왕언니의 취향도 물어보지 않고 의욕만 앞서 서점으로 달려온 것이다. 어떻게 해야 하나. 이럴 땐 본인에게 물어보는 게 제일 좋다. 왕언니에게 전화를 걸었다.

"언니, 무슨 책 좋아해요? 혹시 ○○란 책 보셨어요?"

"어디야? 서점이야?"

"예, 언니한테 책 한 권 선물하려고 하는데 뭐가 좋을지 몰라서요. 그래서……."

"강남이면 조금만 기다릴래? 나도 서점에 한번 나가려고 했었거든."

"예, 그럼 오셔서 전화주세요."

전화 통화를 끝내고 다시 서점으로 들어갔다. 왕언니를 기다리는 동안 아까 집어들었다가 덮었던 책을 찾아들고 읽기 시작했다. 한 3분의 1쯤 읽었나, 누군가 어깨를 친다. 돌아보니 왕언니다.

"찾았다! 근데 뭘 그렇게 열심히 읽고 있어?"

읽고 있던 책을 덮어 겉표지를 보여주었다. 제목을 보더니 고개를 끄덕이는 왕언니. 읽은 책이에요?

"아니, 내가 읽고 싶었던 책. 그렇잖아도 그 책 찾고 있었는데……."

"그래요? 그럼 제가 이 책 선물해드릴게요. 사실 뭐가 좋을지 고민하고 있었거든요."

"정말? 고마워~."

아이마냥 신난 표정으로 화사하게 웃는 왕언니. 그렇게 좋으세요?

"응. 내가 제일 좋아하는 선물이 바로 책 선물이거든. 그런데 내가 읽고 싶은 책을 선물 받으니까 더 좋은 걸. 정말 고마워."

뭘요, 그렇잖아도 뭘 선물해야 하나 고민했는데 왕언니가 제일 좋아하는 선물이라니 제가 더 좋죠. 가격이 비싼 것도 아니고요. 근데 왕언니는 책 읽을 시간이 있을까? 언제 책을 읽는지 궁금하다.

"없어도 내야지. 사실 난 책 읽을 시간이 없다는 건 핑계라고 생각해. 난 주로 아침에 일어나서 읽는데 그게 안 되면 잠자기 전에 읽을 수도 있잖아. 정말 읽고 싶다면, 그리고 읽어야 한다면 어떻게든 시간을 만들어낼 수 있지 않을까?"

그렇다. 독서를 하지 않는 이유를 물어보면 보통 시간이 없어서라고 답한다. 하지만 그건 핑계에 지나지 않는다. TV 볼 시간이라든지 출근하는 지하철 안이라든지 얼마든지 가능하다. 물론 이렇게 말하는 나도 별반 다르지는 않다. 핑계인 걸 알면서도 실천하기가 여간 쉽지가 않은 것이다.

"호호~ 나도 그래. 하지만 정말 성공하고 싶다면 시간이 없다는 핑계 대신 짬짬이 독서하는 것이 중요해. 성공한 남자들은 정말 시간이 없잖아. 언제 책 읽는 줄 알아?"

그걸 내가 어찌 알겠는가. 옆에서 지켜본 언니의 대답이 궁금하다. 성공한 남자들은 언제 책을 읽을까?

"주로 차 안에서 많이 읽는대. 다른 장소로 이동할 때. 그래서 말이야. 차 안을 들여다보면 책이 정말 많아. 손님을 배웅할 때 보면 자동차 조수석에 책이 가득히 쌓여 있어. 대여섯 권은 기본이야. 나도 놀랐다고. 한번은 이 많은 책을 언제 다 읽냐고 물어봤거든."

"그랬더니 뭐라고 대답하시던가요?"

"아까 말한 대로 차 안에서 읽기도 하고, 아침마다 잠깐 짬을 내서 읽기도 한대. 또 잠자기 30분 전에 읽기도 하고. 이렇게 하루 30분 동안이라도 짬을 내면 일주일에 한두 권은 읽을 수 있대. 하지만 짬을 안 내면 한 권도 읽을 수가 없대. 그분이 그러더라고. 어디서 들은 말인데 책 한 권을 다 읽을 수 있는 여유를 만들어 독서하려면 영원히 독서를 시작할 수 없다고. 명언이지?"

나는 왕언니가 한 말을 되새겨 보았다. '책 한 권을 다 읽을 수 있는 여유를 만들어 독서하려면 영원히 독서를 시작할 수 없다.' 명언이다. 어쩌면 여유를 만들어야 한다는 생각 때문에 책을 읽지 못하고 있는 건지도 모른다. 그러면 영원히 독서를 시작할 수 없는데도 불구하고.

"그래서 그분은 언제 어디서든 읽을 수 있게 차 안에도 책을 놓아두고, 집안 곳곳에도 책을 놓아둔대. 책이 옆에 있어야 책을 읽을 수 있으니까. 그 말을 듣고 유심히 살펴보니까 차 안에 책이 있는 분들이 정말 많더라고. 그거 보고 나도 자극 좀 받았지. 그래서 어떻게 해서든 짬을 내서 책을 읽으려고 해."

성공한 남자들은 짬짬이 독서를 한다. 어떻게 해서든

시간을 마련해서 독서하는 습관을 가지고 있다. 그럼 하루 30분, 아니 10분이라도 좋으니까 책을 가까이 하는 남자가 앞으로 성공하는 남자가 될 수 있겠죠? 독서하는 남자! 이건 기준이 좀 쉽다. 독서하는 남자와 그렇지 않은 남자를 구분하는 것은 어렵지 않으니까.

# 소화를 위해 한쪽을 비운다

서점에서 나온 왕언니와 나. 왕언니가 점심을 먹자고 손을 잡아끈다. 책 선물이 고맙다며 맛있는 점심을 사주고 싶단다. 그렇잖아도 배고프던 차에 왕언니가 이끄는 대로 따라갔다. 골목길을 돌아 대로변으로 나오니 젊은이들이 넘친다. 그들을 유혹하듯 화려한 간판들이 들어오라고 손짓한다. 하지만 그 많은 간판들을 거절하고 우리가 찾아간 곳은 메밀국수집이다.

홀 안에 들어선 첫 느낌, 소박하다. 아무런 장식이 없다. 나무 탁자에 나무 의자. 그리고 벽에는 메뉴판. 이것이 인테리어의 전부다. 손님은 많은데 홀 서빙을 하는 사람은 할머니 한 분뿐이라고 친절하게 설명을 곁들이는 왕언니.

"여기는 자매 할머니 두 분이 운영하는데, 동생 할머니는 서빙하고 언니 할머니는 음식을 만들어. 점심에 바쁠 때만 할아버지하고 아줌마 한 분이 와서 도와주시지."

그래서 할머니께서 서빙하고 계시는구나. 동생 할머니가 주방에 있는 언니 할머니한테 주문 받은 내용을 불러준다. 언니 할머니가 재확인을 하는 듯 소곤거리는 소리가 들린다. 인테리어만 특이한 것이 아니라 운영하는 스타일도 독특하다.

"무엇보다 60년이 넘는 전통을 지닌 메밀국수집이라서 맛이 끝내줘~"

고개를 들어 벽을 보니 메뉴가 보인다. 그러고 보니 아까 들어올 때 간판에 쓰여 있었던 것도 같다. 심플하다. 메밀국수, 메밀소바, 우동, 유부초밥. 다른 메뉴는 취급하지 않는다. 이런 곳이라면 정말 믿을 만하다. 한 우물만 팠으니 그 맛이 바로 신용이 될 테니까.

한 10여 분 기다리니 주문한 음식이 나왔다. 생각보다 양은 적다. 그러나 맛은 한마디로 끝내준다. 메밀이 어찌나 부드러운지 살살 녹는다. 육수도 끝내준다. 원래 무즙과 파를 듬뿍 넣어서 먹는 것이 나의 메밀국수 먹는 스타일. 그런데 동생 할머니가 다가와 한마디 하신다.

"그런 거 넣으면 육수 맛이 안 살아. 대신 이 소스를 넣고 먹어."

자세히 보니 반찬 옆에 겨자소스가 있다. 한 스푼 넣고 살살 저은 다음 다시 무즙을 넣었다. 그랬더니 동생 할머니가 또다시 참견을 하신다.

"무즙 넣지 말라구. 그래야 맛있다니까."

내 식성대로 먹겠다는데 왜 시시콜콜 참견을 하시고 그럴까. 한마디 하려는데 그러지 말라고 눈짓하는 왕언니. 동생 할머니가 다른 손님에게로 가자 조용히 속삭인다.

"여기 할머니 고집이 여간 아니셔. 할머니가 말씀하신 대로 먹어봐. 안 그럼 할머니가 와서 또 뭐라고 하실 거야."

음식 먹으면서 눈치도 봐야 한단 말인가. 조금 불쾌하긴 하지만 한편으로는 그만큼 음식에 대한 자부심이라는 생각이 든다. 그래, 오늘은 무즙과 파를 빼고 먹어보자. 동생 할머니가 말한 대로.

먹기 전까지는 몰랐는데 음식이 들어가자 갑자기 허기가 돌았다. 메밀 한 판을 순식간에 먹어치우고 두 판도 거

의 비워갈 무렵. 왕언니가 놀란 눈으로 쳐다본다.

"그렇게 급하게 먹으면 체해. 천천히 먹어. 그리고 유부
초밥도 시켰거든. 이제 나올 거야."

앗! 유부초밥도 있었어요? 미리 얘기해주시죠. 메밀 두
판을 먹었는데 과연 유부초밥을 먹을 수 있을까. 아니나
다를까. 뒤늦게 나온 유부초밥은 한두 개만 먹고 젓가락을
내려놓을 수밖에 없었다. 아까워라~

설상가상. 앉아 있을 때는 몰랐는데 식사를 마치고 일
어서자 배가 너무 부른 것이다. 힘이 들 정도로. 게다가 아
랫배가 슬슬 아파온다. 왕언니가 걱정할 새라 입술을 질끈
물어보지만 허사다.

"어디 아파?"

"예. 욕심 부리고 너무 급하게 많이 먹었나봐요."

"그러는 것 같더라. 소화를 위해서 한쪽을 비워둬야지.
좀 부족한 듯 그렇게 먹는 게 몸에 제일 좋아."

소식小食하는 것이 몸에 좋다는 건 나도 안다. 그런데
소화를 위해서 한쪽을 비워두라는 말은 처음 들어본다.

"배가 너무 꽉 차면 더부룩하고 소화가 쉽게 안 되잖아.
뷔페 갔다 온 날을 떠올려봐. 뷔페가면 어때? 나중은 생각

하지 않고 욕심부리면서 마구 먹지? 그런데 집에 오면 어
때? 소화 안 되서 죽겠지?"

"맞아요. 이상하게 뷔페만 가면 식탐이 생겨 과식하는
것 같아요. 그리고는 꼭 배탈이 나더라고요."

"어느 정도의 욕심은 좋지만, 지나치게 욕심을 부리면 그
렇게 탈이 나게 마련이야. 음식도 그렇고 사업도 그렇고."

사업도 그렇다고요? 음식 얘기를 하다 사업 얘기로 건
너뛰는 왕언니. 뭔가 나올 것 같다. 파블로프의 개처럼 나
는 왕언니의 말에 귀를 기울였다.

"사업이 성공하려면 욕심이 있어야 하지. 그래야
발전할 수 있거든. 그런데 너무 욕심을 부리면 어떻게 되
는 줄 알아? 자, 쉽게 예를 들어 말해줄게. 내가 물건을 생
산해서 파는 사람이야. 그러면 시장 분석을 하고 수요 분
석을 해서 제품을 생산해야 하는 게 정석이겠지. 근데 사
업을 하다 보니까 욕심이 생기는 거야. 이건 누구에게나
당연한 건데 이때가 중요해. 이때 욕심이 앞서면 필요보다
더 많은 제품을 생산하게 되거든. 그럼 어떻게 될까?"

"재고가 쌓이겠죠? 맞나요?"

"그래. 이렇게 재고가 쌓이면 결국 수지타산이 맞지 않

게 될 테고. 결국엔 손해를 보거나 심한 경우에는 망하기도 하지. 그래서 말이야. 성공한 남자들을 보면 욕심은 있되, 소화를 위해서라면 언제든 비울 줄도 알아. 그들은 지나친 욕심은 부리지 않으려고 해. 잘못하다간 소화를 못 시켜서 배탈이 날 수도 있으니까. 그건 음식 때문에 생긴 배탈보다 타격이 더 심하거든."

욕심을 부리긴 하지만 한쪽을 비워두는구나. 욕심이 발목을 잡지 않도록 말이다.

"맞아. 성공한 남자들은 자기가 할 수 있는 것만 해. 그 이상은 욕심을 내지 않아. 내가 잘하는 것, 강점은 여기까지거든요 하면서 자기가 할 수 없는 것은 거절할 줄도 아는 게 다르지."

자기의 역량이 되는 것에 주력하며 지나친 욕심은 피한다. 이게 바로 성공한 남자들이란 말이군요. 그런데 이런 남자를 찾는 일은 좀 어렵겠는 걸요. 밥을 같이 먹어보면 알 수 있으려나. 그래도 성공한 남자를 구분할 수 있는 방법이니까 기억해둬야겠다. 결국 그 날 난 배탈 때문에 메밀국수만 먹고 집에 들어와야만 했다. 하지만 성공한 남자를 보는 안목은 제대로 소화시킨 것 같다.

# 낯선 만남을 두려워하지 않는다

한동안 너무나 분주했다. 주중에는 새로운 프로그램의 기획안을 작성하느라 주말에는 결혼식이니 돌잔치에 참석하느라 바빴다. 왕언니를 만나지도 못할 정도로 도저히 짬을 낼 수가 없었다. 그러다 다시 일상으로 돌아왔다. 물론 제일 먼저 왕언니를 만나러 달려갔다. 그리운 마음에 뒤도 돌아보지 않고 한달음에!

가게 문을 힘차게 열어젖히는 나를 반갑게 맞이하는 왕언니. 마치 나를 기다리고 있었다는 듯. 이게 바로 왕언니의 매력이다. 기꺼이 사람을 반긴다. 나도 모르게 왕언니를 와락 끌어안았다. 그런데 너무 세게 안았나. 왕언니가 손에 쥐고 있던 것이 후드득하고 바닥으로 떨어졌다. 포옹을 풀고 잽싸게 허리를 숙였다. 그리고는 바닥에 떨어진 것을 주섬주섬 주웠다. 내 손에 들려 있는 것은 우편물. 먼지를 툭툭 털어서 왕언니에게 건네주었다. 뭐가 이렇게 많은 걸까?

"거의 다 초대장이야."

왕언니는 나한테만 인기가 많은 게 아니구나. 다른 곳에서도 찾는 이들이 많은가보다. 왕언니는 이런 초대에 다 응하는 건가. 그럴 수는 없을 텐데.

"그렇지. 가게 일도 봐야 하고, 강의도 해야 하고, 다 갈 수는 없지."

예상 적중! 바쁜 왕언니가 그 많은 모임에 다 참석할 수는 없을 것이다. 그런데 어떤 모임의 초대를 좋아할까. 초등학교 동창모임? 고등학교 친구들 모임?

"틀렸어. 그런 모임도 좋아하지만 난 처음 초대되는 자리는 되도록 꼭 참석하려고 해."

"처음 초대받는 모임엔 꼭 참석한다고요? 그런 모임은 어색하잖아요? 아는 사람도 없어 낯설고요. 또 상대와 어떤 대화를 나눠야 할지도 난감하고요. 괜히 주변 눈치만

보다가 누구 아는 사람이라도 나타나면 어찌나 반가운지. 그 사람 옆에만 꼭 붙어있게 되던 걸요."

오랜만에 재개된 왕언니와의 대화가 반가웠던 걸까. 속사포처럼 수많은 질문들을 쏟아냈다.

"그래, 누구나 다 그렇지. 나도 그래. 하지만 새로운 사람을 사귈 수 있는 너무나 좋은 기회잖아. 놓치면 나만 손해거든. 그리고 처음부터 익숙한 건 없잖아?"

그건 그렇다. 처음부터 익숙한 것은 없다. 처음에는 모든 것이 낯설다. 하지만 왕언니는 이 낯설음에 무릎 꿇지 않는 것이다. 그래도 누군가 말을 걸어주지 않으면 어색한 건 마찬가지일 것이다.

"그건 말이야, 상대가 말 걸어주길 기다리니까 그렇지. 기다리지 말고 먼저 다가가봐. 그리고는 요즘 돌아가는 이야기라든지 아니면 어떤 걸 좋아하느냐, 취미가 뭔지를 물어보는 거야. 공통점을 찾을 때까지 말이야. 사람들의 관심사가 대개는 비슷해서 금방 공통점을 찾을 수 있거든. 그러면 그걸 화제로 삼는 거지."

"그거야 알지만 왕언니처럼 활달한 성격이야 쉽겠죠. 하지만 저같이 내성적인 사람들은 낯선 상대에게 말거는

게 그리 쉬운 일이 아니라고요. 그땐 어떻게 하죠?"

"음. 그러면 말이야, 대화를 나누고 싶은 사람 가까이에 가서 대화를 들어봐. 흘려듣지 말고 경청하면 상대가 하는 말 중에서 뭔가 공통점을 찾아낼 수 있거든. 그걸 화젯거리로 삼는 거야."

먼저 다가가라! 그러면 대화의 포문이 열린단 말이구나. '두드려라. 그러면 열릴 것이다'란 말처럼.

"그렇지! 이해력 빠르네. 이렇게 한번 시도해봐. 그러면 그 다음은 쉬워지거든. 다들 처음이 어렵잖아. 우리 가게에 오는 남자들 얘기해줄까?"

좋죠! 성공한 남자들도 처음 만나는 자리를 꺼리지 않는가보다.

"응. 우리 집에 오는 손님들을 보면 말이야, 처음 만나는 사람들이 아주 많아. 비즈니스를 하려면 새로운 상대를 만나야 하는 경우가 많거든. 근데 얼핏 보면 전혀 처음 만나는 사람들 같지 않고 오히려 오래 전부터 알고 지낸 사람들 같아."

처음 만나는 자리인데 오래 전부터 알고 지낸 사람들 같다니, 왕언니의 말은 가끔 도통 이해할 수가 없다. 하지만 다음 이야기에 귀를 기울이면 자연스레 이해가 된다. 계속 이야기를 들어볼까.

"이런 만남은 대개 새로운 비즈니스를 만들 절호의 기회거든. 그래서 성공한 남자들은 이런 만남을 주저하지 않아. 결코 두려워하지도 않고. 게다가 처음 만나는 자리일수록 상대와 더욱 적극적으로 대화를 나누는 모습을 많이 볼 수 있어."

아~ 성공한 남자들은 만남의 자리에서도 피하지 않고 당당하게 맞서는구나. 그렇게 난 모처럼만에 찾아간 왕언니에게서 또 한 수를 배웠다. 이러니 내가 왕언니와의 만남을 애타게 기다릴 수밖에. 만남을 거듭할수록 성공한 남자를 보는 안목이 점점 늘어가는 나. 그런데 이 은혜를 어찌 보답하랴.

# 유능한 인재에게 기댈 줄 안다

열

그동안 자주 만나지 못한 섭섭함이 컸던 걸까. 아니면 그리움이 사무쳤던 걸까. 아침부터 부산을 떨어 오전에 모든 일을 끝마쳤다. 그리고는 왕언니를 만나러 길을 나섰다. 첫 데이트를 하러 가는 18세 소녀처럼 가벼운 발걸음으로. 그녀를 만나기 100미터 전. 불현듯 걱정이 생겼다. 나야 이틀 연속 왕언니를 만나는 것이 기쁘지만 혹시 방해가 되는 건 아닐까. 다시 발걸음을 돌려? 우물쭈물 고민하는 사이 내 옆으로 자동차 한 대가 다가와 멈춰섰다. 스르륵 창문이 열린다. 안을 슬며시 들여다보니 반가운 얼굴, 왕언니다.

"어~ 마침 잘됐네! 그렇잖아도 전화하려고 했는데."

전화하려고 했었다고요? 정말요? 그 말 한마디에 방금 전의 걱정은 휘리릭~ 하늘로 날아가 사라졌다. 근데 무슨 일로 나를 다 찾은 걸까. 우리는 이심전심?

"서초점에 예약 손님이 꽉 찼는데, 서빙 하는 친구 한 명이 아파서 못 나왔대. 그래서 SOS 좀 청하려고 했는데 딱 맞춰서 오네. 우리 마음이 통했나봐. 그런데 이런 부탁 해도 될까?"

그럼요. 어떤 부탁이든지 예스랍니다. 그런데 제가 서 빙을 잘 할 수 있을까요? 이럴 줄 알았으면 식사할 때 좀 주의 깊게 볼 걸 하는 괜한 후회가 밀려들었다.

"괜찮아. 서빙 하는 친구들 옆에서 보조만 잘 해주면 돼. 자~ 가자!"

출근과 퇴근 시간은 물론 하루 종일 러시아워인 테헤란 로. 그 교통지옥을 뚫고 우리는 서초동으로 갔다. 한 명이 빠져서 그런가. 평상시보다 더욱 분주한 듯하다. 잘 하지 는 못하겠지만 그래도 일손을 도울 수 있다는 사실이 기뻤 다. 이렇게나마 왕언니의 은혜에 조금이라도 보답할 수 있 으니 말이다. 그런데 앗! 이 일을 어쩌나.

　　왕언니를 만날 마음에 서둘러 나오는 바람에 나의 의상은 최악이다. 모자를 눌러쓰고, 청바지에 헐렁한 티셔츠 차림이다. 블라우스에 바지로 단정하게 차려입은 직원들과는 너무나 대조적이다. 이렇게 난감할 때가 있을까. 안절부절 하는 나를 본 왕언니. 살포시 웃더니 탈의실로 이끈다. 그러고는 묻는다.

　　"사이즈 뭐야? 66 입으면 맞을 것 같은데."

　　눈썰미도 대단하다. 딱 보고 사이즈까지 척척 알아맞힌다. 옷장 문을 열고 뒤적거리더니만 검정 블라우스와 바지를 꺼내준다. 아, 유니폼이 있었구나. 휴~ 다행이네. 안도의 한숨을 내쉬며 왕언니가 건네준 블라우스를 입었다. 근데 이건 또 뭐지. 옷이 작다.

　　"옷이 작게 나왔나보네~ 한 치수 큰 거 있을 텐데, 잠깐만~"

　　다시 옷장 안을 뒤적이더니 새로운 블라우스를 건넨다. 혹시 몰라서 여벌의 옷을 맞춰 놓았다고 한다. '만사 불여튼튼' 이게 왕언니의 좌우명이 아닐까 싶다. 아무튼 이번에 준 블라우스는 딱 맞다. 바지까지 갈아입고 거울에 나의 모습을 비춰보니 제법 종업원 같아 보인다.

"잘 어울리네~ 호호. 자, 이제 앞치마만 두르면 되겠다. 이리 와~ 내가 둘러줄게."

왕언니가 직접 앞치마를 둘러주었다. 모시로 된 너무 예쁜, 그래서 탐이 나는 앞치마다. 그렇게 옷을 갈아입고 홀로 나오니 한창 테이블 세팅 중이다. 나도 현장 투입! 곁눈질을 해가며 다른 종업원이 하는 대로 따라하며 테이블 세팅을 도왔다. 테이블 세팅이 거의 끝나갈 무렵 예약 손님들이 한 팀, 두 팀 밀려들기 시작했다. 이제 뭘 해야 하나.

잠시 얼빠진 표정으로 있으려니 왕언니가 다가온다. 그러고는 친절하게 지시해준다. 물 따르고, 주문 받고, 카운터에 주문 넣고, 주방에서 나온 음식들을 차례대로 서빙하면 된다고. 그래! 나에겐 왕언니라는 든든한 백(?)이 있었지. 걱정이랑 접어두고 최선을 다해보자. 그렇게 마음을 다잡고 서빙을 시작했다.

얼마나 시간이 흘렀을까. 밀물처럼 들어왔던 손님들이 어느새 썰물처럼 빠져나가고 홀이 텅 비었다. 테이블 위에는 빈 그릇만 남겨져 있었다. 다행히 실수하지 않고 그럭저럭 일을 마친 것이다. 손님 배웅을 마친 왕언니, 다가와 칭찬을 해준다.

"내 그럴 줄 알았어. 잘하네~ 정말 잘했어!!"

히힛~ 웃음이 실실 나오는 걸 어쩔 수 없다. 왕언니의 칭찬을 들었으니 당연한 거 아닌가. 사실 일은 좀 힘들었다. 그릇이 그렇게 무거운 줄 몰랐다. 내가 손님으로 와서 식사할 때는 상상도 못했다. 단지 그릇이 예쁘다고만 생각했을 뿐이다. 그리고 솥단지 뚜껑이 그렇게 무거운 줄도, 뜨거운 줄도 몰랐다. 아무것도 모르고 솥단지 뚜껑을 들다가 손을 데기도 했다. 하지만 몸은 힘들어도 마음은 너무나 행복하다. 이 기분을 좀더 누려볼까. 그릇을 치우려고 하는데 말리는 왕언니.

"뒷정리는 천천히 하면 되니까 그만하고 우리 역삼동으로 가자. 배고프지? 거기 가서 점심 먹자."

아! 역삼동? 그런데 왕언니가 이렇게 여기 와 있으면 역삼동은 어떻게 굴러가는 걸까.

"거기는 부사장이 있잖아. 워낙 유능한 사람이라서 알아서 잘 하거든."

그래도 불안할 것 같다. 왕언니가 있는 거랑 없는 거랑 다를 거 아닌가.

"하나도 그렇지 않아. 손님들은 다르겠지만. 그래서 여기 잠깐 보고 바로 역삼동으로 가는 거야. 나 보려고 찾아오는 손님들도 있으니까."

그건 이해가 되는데 하나도 불안하지 않다는 건 이해가 안 된다.

"유능한 인재가 옆에 있으면 하나도 불안하지 않고 든든하거든. 성공한 남자들을 봐. 그들은 유능한 인재들한테 기댈 줄 알아. 아무리 유능한 CEO라고 해도 혼자서 모든 걸 도맡아서 할 수 없거든. 그래서 기획 파트라든지 관리 파트라든지 각 업무를 담당하는 파트가 따로 있잖아. 각 파트에는 파트장이 있고, 실질적인 업무는 이 파트장이 담당하고. CEO는 뭐하냐고? 파트장을 불러서 한 달 매출이 잘 이루어지고 있는지 고객 관리는 어떻게 이뤄지고 있는지 등을 물어보면서 전체적인 업무를 파악하지."

만능박사라고 해도 모든 업무를 혼자 처리할 수는 없겠지. 그래서 유능한 인재에게 기댄다는 말이구나.

"응. 유능한 사람을 뽑아놓고 감 놔라 배 놔라 하면 어떻겠어. 기분이 상하겠지. 자기를 못 믿는 거 아닌가 하는 생각도 들 테고. 이러면 삐거덕거리게 되거든. 그래서 성공한 남자들은 유능한 인재에게 기댈 줄 아는 거야. 물론

그 전에 먼저 유능한 인재를 뽑으려고 하지. 그들은 자신보다 현명한 인재를 원해. 유능한 인재라고 판단되면 삼고초려도 감행할 줄 알지.”

유능한 사람을 뽑아서 적재적소에 앉히고 그 사람에게 기댈 줄 안다. 이게 성공한 남자들이 사람을 관리하는 태도구나. 생각을 정리하려고 하는데 왕언니가 비밀 이야기 하나를 들려준다고 한다.

“내가 계산을 잘 못하거든. 숫자는 딱 질색이야. 그래서 카운터도 다 부사장한테 맡겼어. 우리 가게 재정 담당이지. 아주 잘 하거든. 난 그냥 하루 매출이 얼마인지만 물어봐. 그게 다야. 얼마나 편한지 몰라. 아마 부사장 없으면 난 아무것도 못할 걸.”

성공한 남자들의 비밀에 왕언니의 비밀까지. 오늘 소득은 쏠쏠하다.

# 실패에서 스승을 찾는다

**실패다.** 왕언니도 만나지 못하고 밤낮으로 매달렸던 기획안도 통과되지 못했다. 다시 작성해야 한다. 도대체 뭐가 마음에 들지 않은 거람. 몇 날을 붙잡고서 사력을 다했건만 결과는 참패다. 속상하다. 겉으로는 표현하지 못하고 마음속으로만 툴툴거리면서 회의실을 나왔다. 나오자마자 힘이 쭉 빠진다. 게다가 처음부터 다시 작성해야 한다는 생각에 피곤함만 앞선다. 일이 손에 잡히지도 않는다.

아차! 기획안을 다시 작성하기 시작하면 또 며칠 동안 왕언니는 못 만나는 거잖아. 오늘은 일단 여기서 접자. 그리고 왕언니를 만나러 가자. 당분간 못 볼 테니까.

부리나케 달려 왕언니의 가게에 도착했다. 하지만 왕언니는 부재중. 잠시 볼일을 보러 나갔다고 한다. 오래 걸리려나. 어떻게 하지. 그렇다고 이대로 그냥 갈 수는 없잖은가. 조금만 기다리면 여느 때와 같이 반가운 얼굴로 나를 반길 왕언니가 올 것이다. 조금이라도 더 빨리 만날 요량으로 야외 테이블에서 기다리기로 했다. 그렇게 앉아 있으려니 아침 회의시간에 있었던 일이 떠올랐다. 기분이 가라앉는다. 어서 왕언니가 와서 이 기분을 떨쳐주면 좋으련만. 그렇게 착찹한 심정으로 왕언니를 기다리고 있는데 구두소리가 들린다. 또각또각. 왕언니? 맞다. 경쾌하게 계단을 올라오는 왕언니. 입구로 다가가 왕언니를 불렀다.

"어머~ 깜짝이야."

놀랐나보다. 숨을 고르며 살짝 눈을 흘긴다. 나무라는 눈짓은 아니다. 놀라움에 저도 모르게 나오는 버릇 같다. 흘기는 모습이 참으로 섹시하다. 왕언니한테 푹 빠졌나보다. 모든 것이 다 아름다워 보이니 말이다. 처리할 일이 있으니 조금만 더 기다려 달라며 사라지는 왕언니. 그 뒷모습을 보는데 왜 울컥 눈물이 솟구치는 걸까. 제발 뒤돌아보지 마세요. 하지만 나의 바람과는 달리 고개를 돌린다. 그리고는 놀란 눈으로 잠시 쳐다보더니 달려온다.

"왜? 무슨 일 있었어?"

"그게……."

왕언니의 걱정이 묻어 있는 말투에 나는 참지 못했다. 참고 있던 눈물을 흘리고 말았다. 왕언니는 아무런 말도 하지 않고 가만히 어깨를 다독여준다. 그 손길이 너무나 따뜻해서였을까. 주르륵 흘러내리는 눈물을 주체할 수 없었다. 그렇게 나는 왕언니 앞에 무너졌다. 한참 울고 나니 기분이 좀 나아지는 듯하다. 진정된 나를 보고 조심스레 말을 건네는 왕언니.

"울고 나니까 괜찮아? 생각보다 여리구나. 그런데 도대체 무슨 일이 있었기에 이렇게 우는 거야?"

"실은……."

아침 회의시간에 있었던 일을 왕언니에게 들려주었다. 은근 속이 많이 상했던 나. 살짝 팀장 험담도 섞었다. 고개를 끄덕이면서 이야기를 끝까지 들어주던 왕언니. 뭔가 못마땅한 표정이다. 잠시 망설이더니 말문을 연다.

"뭐가 속상한 거야?"

"음, 뭐가 속상하냐면요, 기획안이 통과 안 된 것도 속 상하구요, 그동안 고생한 걸 몰라주는 것 같기도 하구요, 이것저것 다 속상하죠."

"그럼 그 기획안은 왜 통과가 안 된 건데?"

"그건……."

미처 생각 못했다. 아니 물어보지도 않았다.

"통과가 안 됐으면 왜 안 됐는지 생각하고, 모르겠으면 물어봐야지. 단순히 안 됐다고 이렇게 속상해 하는 건 바보 같은 일이야. 그것보다는 실패의 원인을 분석해서 다음 에 똑같은 실패를 하지 않는 게 더 중요하잖아, 그렇지?"

맞다. 너무 감정만 앞섰나보다.

"누구나 실패하게 마련이야. 매번 성공하는 사람이 어 디 있어? 성공한 남자들도 백발백중은 아냐. 불발로 끝나 는 경우도 있지. 하지만 뭐가 다른지 알아?"

성공한 남자들도 실패를 한다고요?

"실패를 성공으로 이끌기 때문에 성공한 남자가 되 는 거야. 실패를 하면 깨끗이 인정하고 원인을 찾아. 왜 실패했을까 하고 말이야. 얼마나 꼼꼼하게 분석하는지 몰라. 무슨 살인사건을 파헤치는 형사 같다고."

아니 얼마나 날카롭고 예리하게 분석하기에 그렇게 표현하는 거죠?

"여러 각도로 다양하게 분석하거든. 미처 놓친 건 없는지 다시 살펴보고 또 살펴보고. 이런 과정을 반복한대. 왜냐면 실패의 원인을 분석해야 반복하지 않고, 새로운 기회도 만들 수 있으니까. 실패에서도 교훈을 얻는 거지."

성공한 남자들도 실패를 한다. 하지만 그들은 자책하지도 실망하지도 않는다. 대신 왜 실수했는지 주의 깊게 따지고 교훈을 찾는다.

그렇다면 이제는 실패했을 때를 눈여겨봐야겠다. 툴툴거리면서 실패에 연연하는지 아니면 깨끗이 인정하고 원인을 분석하는지. 이것만으로도 성공한 남자를 판단할 수 있겠는 걸. 그러고 보니 나도 내 실패를 통해 새로운 교훈을 하나 배우게 되었다. 비록 내 실패의 원인은 아니지만 성공한 남자를 알아볼 수 있는 소중한 교훈을.

# 자신을 위한 투자에 아낌이 없다

금녀의 방도 아닌데 어쩐 일인지 나는 2층에 올라가본 적이 없었다. 주로 1층에서 왕언니랑 이야기를 나누다 돌아오곤 했다. 그러던 어느 날 2층을 한 번도 보지 않은 것이 떠올랐다. 궁금했다. 궁금하면 못 참는 성격! 왕언니한테 물어봤다.

"그렇게 궁금하면 직접 올라가봐. 백문이 불여일견이라."

갑자기 공자처럼 말하는 왕언니. 내가 무안해 할까봐 일부러 그러는 것 같다. 계단을 성큼 성큼 디디며 2층으로 올라갔다. 자그마한 크기의 아담한 방 하나. 중간 크기의 아늑한 방 하나. 그리고 커다란 크기의 넓은 방 하나. 이렇

게 방 세 개로 되어 있다. 주택을 개조해서 그런가. 가운데
에는 응접실처럼 빈 공간이 있고 양쪽으로 방이 자리하고
있다. 그런데 한쪽 구석에 있는 저건 뭐지? 한쪽에 커다란
북이 놓여 있다. 판소리나 국악을 좋아한다는 얘기는 들었
는데 직접 연주도 하나.

"응. 잘은 못 치고 조금."

북은 언제 배웠을까? 왕언니는 언제나 새로운 물을 만
들어내는 마르지 않는 샘물 같다. 다 알았다고 생각하는
것은 오산이다. 왜냐고? 언제나 새로운 것이 등장해 나를
놀라게 하니까.

"예전에 국악이 너무 배우고 싶은 거야. 미치겠더라고.
안 배우면 병날 것 같아서 과감하게 투자하기로 결정했지.
다 나를 위한 건데 어떻게 해서든 시간을 내보자 하고 말이
야. 그래서 그때 무슨 일이 있어도 일주일에 한두 시간은
시간을 만들어서 배웠지. 지금 생각해보면 잘했다 싶어."

"연주 좀 들어볼 수 있을까요?"

"물론이지~."

천천히 북을 들고 와 자리를 잡는 왕언니. 그리고는 북
을 치면서 농부가를 멋들어지게 부르는 것이 아닌가. 정말

배우길 잘했네요. 덕분에 제가 이렇게 좋은 공연을 볼 수 있으니까 말예요. 이참에 나도 왕언니한테 북을 전수받아 볼까나, 성공한 남자들의 노하우와 함께. 너무 욕심을 부리는 건가. 그런데 미치도록 북을 배우려고 한 이유는 뭐죠?

"간단해! 잘 놀려고. 이왕 놀 거면 잘 놀아야지, 제대로~"

뭐라고요? 잘 놀려고 북을 배웠다고요? 또 다시 시작되는 왕언니의 뚱딴지 같은 말. 왕언니는 내 속을 훤히 아는데 난 왜 왕언니가 하는 말조차 이해를 못하는 걸까.

"요즘은 일만 해서는 매력이 없어. 일할 때 일하고 놀때 놀 줄 알아야 하거든. 그런데 제대로 놀려면 제대로 즐길 줄 아는 것 하나는 있어야 하잖아. 성공한 남자들도 다 그래. 꼭 한 가지씩 자기가 좋아하는 취미가 있는데, 그 취미를 제대로 즐기기 위해서 얼마나 투자를 아끼지 않는다고."

매번 한 가지는 이해하고 다른 한 가지는 이해하지 못하는 나. 일할 때 일하고 놀 때 놀 줄 알아야 한다는 것은 알겠다. 하지만 제대로 즐기기 위해서 투자를 한다?

"응. 세상에 아무런 투자도 하지 않고 공짜로 얻을 수 있는 건 없거든. 성공한 남자들은 이렇게 시간과 돈을 투

자하는 데 게으르지 않아. 우리 집 손님 중에 판사가 있는
데 나처럼 판소리를 좋아하는 분이야. 그분은 우리집에 오
면 제일 먼저 북부터 찾아. 그리고 좀 전에 내가 들려준 농
부가 있잖아, 거기에다 사철가까지 창을 줄줄줄 부르는데
얼마나 멋진지 몰라."

그랬겠다. 방금 농부가 하나만 들었는데도 이렇게 좋은
데 말예요.

"그분도 판소리가 너무 좋아서 따로 시간을 내서 공부
했다고 하더라구. 성공한 남자들은 이렇게 자기를 위
한 투자에 아낌이 없어. 골프는 기본이지. 접대를 해야
하니까. 그림을 그리는 남자도 있고, 검도를 잘하는 남자
도 있고, 또 소나무에 푹 빠진 남자도 있어. 사무실에 걸려
있는 액자의 그림이 뭔지 알아? 다 소나무 그림이야. 그리
고 소나무에 대한 걸 모두 꿰뚫고 있는 거 있지. 난 그런
남자들을 보면 가슴이 막 설레기도 한다."

가슴이 설렌다고요? 정말 나이는 숫자일 뿐인가. 오십
이 넘은 왕언니도 가슴이 설렌단 말이에요?

"응. 자기를 너무도 소중하게 생각하는 사람들이잖아.
자기가 가장 빛나고 가치 있는 존재고 자기에 대한 투자로

더 찬란하게 빛나지. 그리고 그런 사람은 다른 사람도 배려할 줄 알거든. 자기를 소홀히 하는 남자가 누구를 배려하겠어? 여자도 얼마나 소홀히 여기는지, 그런 남자는 아주 질색이야."

맞다. 자기를 소중히 하는 사람은 다른 사람도 소중히 여길 줄 안다. 그러기에 자기에게 투자하는 남자가 성공할 수 있다는 의미다. 그렇지 않은 남자는 경계 대상 1호다. 왕언니도 질색이라고 하지 않는가.

# 내리막을 즐길 줄 안다

**드르륵~** 드르륵~

꿈속에서 멋진 남성을 만나 데이트하는 단잠에 빠져 있던 나를 깨우는 한 통의 전화. '아침부터 무슨 전화람~' 하면서도 무의식중에 전화를 받았다. 비몽사몽 전화를 받은 나는 전화기를 통해 들려온 목소리에 깜짝 놀랐다. 건너편의 주인공은 왕언니. 낭랑한 목소리에 잠이 싹~ 달아나버렸다.

"자고 있었어? 내가 깨웠나보네. 등산 가려고 하는데, 같이 가지 않을래?"

등산이라고요? 나는 운동을 별로 좋아하지 않는다. 특

히 산을 오르는 것은 별 재미를 느낄 수도 없다. 왕언니와
의 등산이라, 구미가 당기기는 한다. 하지만……. 고민하
는 것을 눈치 챘나?

"좋아하지 않으면 안 가도 돼. 그냥 생각나서 전화해본
거야."

제안을 거둬들이려는 왕언니. 나는 잽싸게 대답했다.

"아니요, 갈래요."

"그럼 내가 집 앞으로 갈게. 준비하고 나와. 한 시간 후
에 가면 되겠지?"

정확히 한 시간 후 전화벨이 다시 울렸다. 나는 용수철
의 스프링처럼 튕겨나갔다. 왕언니는 미리 계획을 다 세워
가지고 온 듯하다. 등산을 해본 적이 없는 나를 위해 낮은
산을 선택한 것이다. 산 입구에 도착했다. 이제 정상을 향
해 출발! 산속으로 들어가니 공기가 다르다. 맑고 신선하
다. 숨을 깊이 들이쉬는 왕언니를 따라 나도 흉내를 내본
다. 공기가 몸속으로 들어가 퍼지는 기분이 남다르다.

정상을 향해 굽이굽이 오솔길이 나 있다. 길가 옆으로
는 곧게 뻗은 나무들과 이름은 모르지만 활짝 핀 야생화들
이 어우러져 있다. 모르는 것이 없는 왕언니. 산길을 오르

며 자상하게 설명을 곁들인다. 그렇게 푸르른 세상으로 점점 깊숙이 발을 들여놓는 기분이 한마디로 끝내준다. 이래서 등산을 하는가보다.

이런 기분도 잠시, 얼마 오르지도 않았는데 벌써 힘이 부친다. 나와 달리 왕언니는 쌩쌩하다. 하지만 나를 위해 중간 중간 쉼터가 나오면 잠시 앉았다가 다시 올랐다. 그러기를 몇 번 하더니 시계를 보는 왕언니. 이후부터는 쉼터가 나와도 그냥 무시하고 지나친다. 왜 그럴까.

"오르는 데 너무 시간을 보내면, 내려올 때 더 힘들어. 해지기 전에 내려와야지."

알았어요. 힘낼게요. 주변을 둘러보는 여유는 훌쩍 던져버리고 산 정상에 오르는 것에 온 힘을 쏟았다. 드디어 정상 정복! 올라올 때는 땀이 삐질 삐질 흘러서 몰랐는데 정상에 오르니 바람이 너무나 시원하다. 상쾌하다. 땀이 식자 으스스 춥기까지 하다. 하지만 산 정상에서 내려다보는 풍경은 압권이다. 산 아래서는 커 보이던 건물들이 너무나 작아 보인다. 그동안 저런 우물 속에서 아등바등 기를 쓰며 갇혀 지냈구나. 이런 신세계를 보여준 왕언니, 땡큐예요!

"이렇게 산 정상에서 보니까 세상이 달라 보이지? 자,
이제 내려가자!"

벌써 내려가자고요? 올라온 지 얼마나 됐다고. 그리고
어떻게 올라왔는데 조금만 더 있다 가면 안 되나.

"박수칠 때 떠나라! 농담이구. 올라갈 때보다 내려갈 때
가 더 어려워. 조심하지 않으면 미끄러져 넘어지거든. 그
리고 산에서는 해가 빨리 진단 말이야. 어두워지기 전에
내려가야지."

알겠어요. 올라오는 것보다 내려가는 게 더 힘들다고
하니까 왕언니의 말에 따라야죠. 역시나 왕언니의 말대로
다. 발을 잘못 디디면 발바닥이 쭉~ 미끄러진다. 넘어질
뻔 한 고비를 몇 번이나 넘겼다. 나는 거의 왕언니의 팔에
기대다시피 해서 내려왔다.

힘들었을 테니까 몸 보신시켜주겠다는 왕언니. 삼겹살
에 왕언니는 소주를, 나는 맥주를 시켰다. 운동을 해서 그
런가. 고기가 입에 착착 붙는다. 꿀맛이다. 그런데 왜 갑자
기 등산을 하자고 한 걸까. 뭔가 이유가 있을 것 같다.

"그렇지. 이젠 나를 좀 안 거 같네. 산에 오르니까 어때?"

"일단 기분이 좋고요. 처음엔 힘들었지만 내려오니까

뿌듯해요. 그런데 오르는 것보다 내려오는 게 더 힘들더라
고요."

"응. 진짜 등산을 하는 사람들은 오르막보다 내리막에
더 주의를 기울여. 아까 몇 번 넘어지려고 했잖아. 그런 것
처럼 내리막에서 사고가 많이 나거든."

정말 그럴 것 같다. 왕언니 아니었으면 미끄러져 넘어
졌을 거다. 십년감수했다.

"사람들은 인생을 마라톤에 비유하잖아. 난 등산에 비유
하고 싶어. 성공한 인생이 뭔지 정의를 내리라면 말이야."

인생은 마라톤이다. 이건 정말 많이 들어봤다. 그런데
성공한 인생은 등산이다? 이 말은 처음 듣는다.

"잘 생각해봐. 인생도 등산처럼 오르막이 있으면 내
리막이 있거든. 그런데 대부분의 사람들은 내리막이 있다
는 생각을 잘 하지 않고 이 내리막을 못 참아. 조직에 몸담
고 있는 남자들이 특히 그런데 그들은 조직이 있어야 자신
이 있다고 착각하고 살지. 그래서 내리막이 있다는 걸 인정
하지 않으려 해. 하지만 성공한 남자들은 어떤 줄 알아?"

어떤데요? 제가 그걸 알면 등산으로 비유한 왕언니의
의도도 한눈에 알아챘게요.

"성공한 남자들은 내리막이 있다는 걸 알고 미리 준비해. 오르막을 어느 정도 오르면 이미 염두에 두고 있지. 그래서 사업의 정점에서 재정비를 하고 변신을 시도하면서 한편으로는 자신의 내리막을 준비해."

아니, 내리막을 어떻게 준비한다는 건가.

"자신이 퇴직하고 뭘 할 건지 이미 계획을 다 세워놓고 있어. 그냥 앉아서 당하지 않는 거지. 그동안 못했던 일에 도전한다든지 자신의 일을 좀더 학문적으로 파고든다든지 아니면 취미생활을 할 거라든지 계획이 아주 뚜렷해. 난 이렇게 내리막을 즐길 줄 아는 남자, 그런 남자가 진짜 성공한 남자라고 생각해. 그리고 이렇게 맞이한 새로운 인생이 정말 내리막일까? 그건 또 다른 오르막일 것 같지 않아?"

맞다. 내리막이 아니라 새로운 오르막일 것이다. 그러니까 성공한 남자들은 오르는 것뿐 아니라 내리막도 즐길 줄 안다는 말이구나. 그런데 아직 오르막도 오르지 못했는데, 내리막을 준비한다? 이건 좀 머나먼 미래의 일인 것 같다. 하지만 마지막까지 성공한 남자가 되기 위해서는 꼭 필요한 조건이리라. 미래의 만날 성공한 남자를 위해 메모해두었다가 알려줘야지. 조금은 잘난 척 하면서 말이다.

# 어깨동무하는 벗이 있다

**여느** 때와는 사뭇 다른 왕언니. 옷차림이 단정하다. 화장도 곱다. 중요한 모임에 다녀온 모양이다. 정장 모드의 왕언니, 멋지다. 그런데 도대체 어딜 다녀온 걸까?

"결혼식장 다녀왔어. 우리집 단골손님의 영애令愛 혼사라서……."

그랬구나. 어쩐지 옷차림이 가볍지 않더라니 이유가 있었다. 꽃피는 오월의 결혼식이라. 축복받은 커플인가보다. 이제는 웬만한 결혼식에는 다 참석해봐서 이력이 났을 법도 한데, 여전히 결혼식이란 단어만 들어도 설레는 감정은

뭐란 말인가. 마냥 부러운 나. 왕언니에게 결혼식 얘기를
해달라고 졸랐다.

"신랑과 신부가 정말 선남선녀더라고. 하객들도 많이
오고. 아주 근사한 결혼식이었지. 게다가 신랑과 신부 아
버지들이 서로 죽고 못 사는 절친한 친구 사이라 그런지
완전히 잔칫집 분위기였어."

"신랑과 신부 아버지가 친구라고요?"

"응. 그분이 원래 친구하면 껌뻑 죽는 분이시거든. 그러
더니만 결국엔 친구와 사돈까지 맺은 거야. 대단하지? 축
하한다고 인사드리러 갔더니, 친구 사이에서 사돈 사이가
됐다면서 자랑하시더라."

친구에서 사돈이라, TV에서 그런 관계로 발전하는 드
라마를 보긴 봤다. 그냥 설정이라고만 생각했다. 그런데
현실에서도 그런 일이 왕왕 생기나보다.

"그러게. 나도 드라마에서만 나오는 일인 줄 알았다니
까. 암튼 그분의 친구 사랑은 대한민국에서 두 번째 가라
면 서러워하실 거야."

아니, 얼마나 친구와 사이가 좋기에 왕언니가 이렇게까
지 말하는 걸까. 분명 보통 사람과는 다를 것이다.

"응. 두세 달에 한 번은 꼭 친구들과 함께 오시거든. 친구들 다 불러서 같이 저녁 먹을 때가 세상에서 제일 행복하대. 물론 여기서 끝이 아니지. 항상 나한테 친구 자랑을 하서. 그런데 그분은 친구 앞에 꼭 붙이는 호칭이 있어."

친구 앞에 호칭을 붙인다? 친구의 이름을 불러주는 건가보다고 생각하는 찰나, 나의 예상을 완전히 뒤엎는 왕언니의 말.

"친구 앞에 꼭 '우리'라는 말을 붙여서 얘기해. 예컨대 이런 식이야. 내가 흉내내볼게."

그러더니만 갑자기 왕언니는 굵은 남자 목소리를 낸다.

"우리 친구가 이번에 승진을 했어요. 축하해주세요. 하하하."

목소리가 진짜 중년의 아저씨 같다. 왕언니의 성대모사를 들으니 그분의 모습이 그림으로 그려진다. 중후하니 얼굴에는 잔잔한 웃음이 감도는 그런 중년의 남자리라.

"응, 맞아. 잘생긴 얼굴은 아닌데 멋지게 생기셨지. 특히 웃을 때가 매력적인데, 친구 자랑을 할 때 보면 그때는 아이가 시험에서 100점 맞아서 자랑하고 싶은 아버지 알지? 꼭 그런 아버지 같은 표정이야. 그렇게 친구들 챙기는

모습이 어찌나 멋진지……."

아하! 친구 일을 내 일처럼 기뻐하는 분이시군요. 진심
으로 말이죠. 그런 분이라면 정말 멋지겠다. 나도 그분과
같은 친구가 한 명 있다면 열 친구도 부럽지 않을 것 같다.
왕언니도 그렇죠?

"그렇지. 얼마나 든든하겠어. 그래서 그랬나. 신랑 아버
지인 친구 분이 무척이나 흡족해하는 모습이던데."

왕언니의 말만으로도 그 광경이 그려진다. 신랑신부보
다 더 환한 웃음을 짓는 친구 두 분. 그들의 따뜻한 기운이
나에게도 전해지는 것 같다. 같이 못간 것이 못내 아쉽다.
왕언니, 어느새 나의 마음속에 들어왔다 나갔나보다.

"다음에 또 이런 일 있으면 그땐 같이 갈게. 너무 섭섭
해 하지 마."

"정말이죠?"

"그럼~ 꼭 약속할게. 손가락 걸어줘?"

"아니요. 왕언니 한 번 약속한 것은 꼭 지키는 사람이라
는 거 알거든요."

"그렇지. 내가 약속한 건 꼭 지키잖아. 그건 한 번도 어
겨본 적이 없거든. 신뢰가 가장 중요하니까."

성공한 남자들 못지않게 비즈니스의 대가인 왕언니. 한 번 한 약속은 꼭 지키는 신뢰의 여왕이다. 남아일언 중천금重千金이라던가. 왕언니 일언은 중만금重萬金이다. 남자보다 더 약속을 잘 지킨다. 맞죠?

"그럼~ 신뢰는 비즈니스의 생명이자 기본이지. 그래야 어깨를 나란히 하고 사업할 수 있거든. 비견하는 친구처럼 말이야."

"비견比肩하는 친구라고요? 비견이라는 단어를 들어보긴 한 것 같은데……."

"비견이란 앞서거나 뒤서지 않고 어깨를 나란히 하는 친구라는 뜻이야. 아무리 친구가 많아도 이런 친구는 그렇게 많지 않기든 오히려 겁재劫災가 많지."

비견을 이해할 만하니 또 어려운 단어가 나온다. 겁재라. 비견과 반대말인 것 같은데…….

"맞았어. 비견과는 대비되는 말이야. 겁재는 친구를 위협하고 빼앗아서 성공하는 건데 주변에 이런 친구가 많으면 성공할 수가 없지. 도움을 주는 것이 아니라 항상 내것을 뺏으려고 눈에 불을 켜고 있으니까. 그래서 말이야, 성공하는 남자들을 보면 어깨를 나란히 하는 친구가 많

아. 때로는 선의의 경쟁을 하면서 앞서 가기도 하지만, 혼자 나아가지 않아. 친구가 뒤처질 때는 힘이 되어주고 서로를 다독이면서 함께 발전해나가거든. 이게 바로 비견하는 벗, 곧 어깨동무하는 벗이야.”

그러니까 성공한 남자들은 친구를 위협하고 빼앗아서 성공을 도모하지 않는다. 때문에 서로 함께 발전해나가는, 어깨를 나란히 하는 친구가 많은 거구나. 공자는 “그 사람을 알고 싶으면 그의 친구를 보라”고 했는데, 이런 이유 때문인가보다. 유유상종이라. 끼리끼리 모이니 겁재가 많은지 비견이 많은지를 보면 진정 성공하는 남자인지 그렇지 못한 남자인지를 가늠할 수 있겠다. 먼저 친구부터 만나본다면 말이다. 그런데 혹시 내가 친구에 관심 있다고 생각하면 어떻게 하지? 그럼 하는 수 없고.

# 칭찬은 아이스크림처럼, 야단은 청양고추처럼

쨍쨍 내려쬐는 햇살로 땀은 삐질 삐질 흐르고, 입 안은 바싹바싹 마르던 날. 더위를 피해 왕언니와 들어간 커피숍. 난 아이스커피, 왕언니는 아이스크림을 주문하고 에어컨 바람을 맞으며 수다를 떨고 있었다. 드디어 주문한 메뉴 등장. 단맛이 더 갈증을 일으킬 것 같아 아이스커피를 시켰는데 이게 웬걸, 왕언니의 아이스크림이 너무나 달콤해 보인다. 힐끔힐끔 쳐다보다가 딱 들켰다. 왕언니, 그렇게 쳐다보지만 말고 먹고 싶으면 먹으라고 한다. 그 말에 한 스푼을 듬뿍 펐다. 입 안에 넣으니 살살 녹는다. 한 번만 먹으려고 했는데 자꾸자꾸 손이 간다.

나중에는 아예 가운데 놓고 둘이서 정신없이 퍼먹었다.

“오랜만에 먹어서 그런가. 아주 부드럽고 달콤하네.”

“그러게요. 전 왕언니랑 같이 먹어서 그런 것 같아요.”

정말이다. 왕언니랑 사이좋게 나눠 먹으니까 더 맛있는 것 같다. 왕언니, 내 말에 피식 웃더니만 아이스크림과 관련된 이야기를 들려주겠다고 한다. 아이스크림처럼 달콤한 이야기를 들려주려나보다. 기대된다.

“그날은 하늘엔 먹구름이 낮게 깔려 있고, 비바람이 창을 마구 두드리고 있었어.”

아니, 이건 전설의 고향 분위기다. 달콤함과는 완전 거리가 멀다.

“무서운 이야기 아니야, 들어봐. 아무튼 아주 을씨년스러운 날이었는데. 그날 우리집에 단체 회식 팀이 오기로 예약되어 있었거든. 6시가 되니까 사람들이 하나둘씩 개선장군 같은 표정으로 들어오는 거야. 기분 좋은 회식 자리에 참석해서 즐거운 그런 표정인데, 그 표정을 보니까 무언가 큰 프로젝트를 성사시켰구나 하는 생각이 들더라고.”

“당연히 언니의 예상이 적중했겠죠?”

“물론. 난 딱 보면 알거든. 장사 하루 이틀 하니? 식사가 시작되니까 일단 한 잔씩 가득 채우고 건배를 하더라고. 그동안 고생 많았다면서."

역시나 왕언니의 눈썰미는 알아줘야 한다. 분위기만 보고도 딱 맞추는 걸 보면 아무래도 타고난 거 같다.

"중요한 건 지금부터야. 한 잔씩 다 돌린 후에 리더로 보이는 사람이 일어서더니 한 사람씩 이름을 부르면서 구체적으로 칭찬하는 거야. 김 부장의 반짝이는 아이디어 때문에 이번 프로젝트가 성사되었다, 최 이사가 꼼꼼하게 직원 관리를 해서 사고 없이 무사히 일을 마쳤다, 뭐 이런 식으로 말이야. 각자의 능력에 대한 칭찬의 말을 아낌없이 하는데 그걸 보고 있으니까 불현듯 우리가 아까 먹었던 아이스크림이 떠오르더라. 부드럽고 달콤한."

팀원들을 칭찬하는 모습을 보다가 아이스크림이 떠올랐다고요? 왕언니의 상상력은 아무도 예상할 수 없다.

"그래. 먹어도 먹어도 질리지 않는 아이스크림처럼 들어도 들어도 질리지 않는 게 칭찬이잖아. 그래서 성공한 남자들은 말이야. 큰 계약이 성사되었거나 큰 프로젝트가 끝나면 회식 자리를 가지고, 칭찬하는 것을 빠뜨리지 않아. 그게 팀원들의 사기를 돋운다는 것을 아는 거지."

아~ 아이스크림처럼 달콤하게 칭찬을 한단 말이구나. 그것도 한 사람 한사람 모두에게. 그런 칭찬은 들어도 들어도 질리지 않을 것이다. 달콤한 아이스크림이니까. 그런데 성공한 남자들은 칭찬뿐 아니라 야단을 쳐야 할 일도 있을 텐데. 그럴 때는 어떻게 할까.

"칭찬은 아이스크림처럼 하지만, 야단은 청양고추처럼 해."

야단은 청양고추처럼? 늘상 뚱딴지 같은 말로 서두를 꺼내는 왕언니. 이러니 귀를 기울이고 들을 수밖에. 앞으로 어떤 이야기가 전개될지 기대되면서 끌리니까 말이다.

"청양고추처럼 매섭고 단호하게 야단을 친다는 거야. 두 번 다시 실수하지 않도록 말이야. 단, 짧게. 절대 길게 혼내지 않아."

아하! 청양고추처럼 맵게 야단을 친다는 말이군요. 아이스크림처럼 달콤하게 칭찬하듯이.

"그렇지. 그렇게 야단치고는 끝이야. 더구나 공개 석상은 피하는 게 철칙이래. 상대를 조용히 불러 단둘이 있는 자리에서 혼내는 거지."

"다른 사람이 보면 창피할까봐 그런가보죠?"

"응. 멋진 말로 표현하면 상대의 잘못은 야단치되, 인격은 야단치지 않으려고 하는 거지."

인격은 야단치지 않는다. 왕언니의 말도 멋지지만 성공한 남자들의 야단치는 방식도 멋지다.

"그렇지? 보통은 잘못하면 분을 삭이지 못하고 무지막지하게 화를 내면서 야단치잖아. 그런데 성공한 남자들은 야단을 칠 때도 다 방법이 있더라고. 이렇게 상대를 먼저 배려하는 거야."

그렇네요. 야단치는 것에도 방법이 있는 줄은 몰랐다. 아니 알았을 것이다. 다만 상대보다는 잘못에 포인트를 맞추다 보니 상대는 배려하지 않고 야단을 치는 것이리라.

"맞아. 상대가 중요한데 우린 늘 이걸 잊어버리지. 그게 문제거든. 그런데 성공한 남자들은 성공의 키워드가 사람이라는 것을 알거든. 흥하게 하는 것도 사람이고 망하게 하는 것도 사람이라는 걸. 그래서 아까 말한 것처럼 상벌을 분명히 해. 좋고 나쁨을 정확하게 보고, 모두의 기분과 노력을 생각해준다고 느낄 수 있도록 적절히 칭찬도 하고, 야단도 치는 거야. 상을 줄 때는 직원들로 하여금 성실하게 하면 반드시 인정받는다는 생각을 갖게 만들지. 그래야 일하고자 하는 의욕이 절로 생기잖아."

사실 칭찬에는 인색하고 야단에는 후한 것이 다반사. 하지만 성공한 남자들은 이와는 다르게 행동한다. 잘할 때는 아이스크림처럼 달콤하게. 그리고 잘못했을 때는 청량고추처럼 맵게. 상황에 따라 무엇을 먹는 것이 좋은지를 아는 남자들이구나. 그럼 아이스크림을 먹어야 할 때는 아이스크림을, 청양고추를 먹어야 할 때는 청양고추를 먹는 그런 남자를 찾으면 될까.

# 태도에 대해 미처 다 풀지 못한 수다,<br>이것만은…

## 인생의 나침반을 가슴에 품고 있다

언젠가 왕언니에게 이런 질문을 한 적이 있다.

"만약 인생의 시계를 되돌린다면 언제로 돌아가고 싶으세요?"

왕언니의 답은 의외였다. 청춘의 시절인 20대가 아니라 40대라고 했다. 한정식집을 하기로 마음먹은 그때. 뒤도 돌아보지 않고 목표를 향해서 앞만 보고 열심히 달렸다고 한다. 땀을 가장 많이 흘리며 살았던, 그래서 보람이 있었던 시절이라고. 추억을 뒤로 하고 들려주는 왕언니의 이야기. 성공한 남자들도 그렇단다. 목표가 확실해지기 시작한 30대 초중반이나 40대 초반이 좋다고 이구동성으로 말한다고 한다. 그 시절로 돌아가 더 열심히 뛰고 싶다고.

20대는 인생의 나침반이 없기 때문에 이리 흔들, 저리 흔들. 갈피를 잡지 못하고 망망대해를 표류하기 십상이다. 그러나 확실한 목표가 생기는 순간, 열정도 저절로 생겨난다. 때문에 확실한 목표는 모든 성공의 출발점이다. 성공을 위해 가야 할 길을 알고 가는 것이다. 고로 남자를 고를 때는 깐깐하게! 인생의 나침반을 가슴에 품고 있는지도 살펴볼 일이다.

## 악수하는 손보다 도와주는 손을 먼저 내민다

남자를 볼 때 종종 손을 먼저 본다는 왕언니. 손의 모양새가 아니라 내면이 섬세한지를 본다고 한다. 이를테면 차에서 내릴 때 문을 열고 내밀어주는 손, 넘어졌을 때 일으켜 세워주는 손, 무거운 짐을 덜어주는 손 등등, 상대에 대한 따뜻한 배려가 담긴 손을 말이다.

비즈니스로 만나는 남자들을 볼 때도 비슷하다고 한다. 헤어질 때 어떻게 악수하는가를 눈여겨본단다. 처음 만나 나누는 악수는 의례적인 경우가 다반사. 별다른 깊이가 느껴지지 않지만 헤어질 때 나누는 악수는 의미가 담겨 있기 때문이다. 앞으로 잘 해보자든지 도움을 주고받자든지 깊은 의미를 표현하는 것이기에.

그런데 악수하는 손은 언제든 누구든 내밀 수 있다.

그러나 도움을 주는 손은 그렇지 않다. 거기에는 상대에 대한 배려와 용기가 뒷받침되어야 한다. 그래서일까. 성공한 남자들은 자신을 필요로 할 때 재빨리 도움의 손을 내밀 줄 안다고 한다. 이런 따뜻한 손길을 가진 남자가 바로 성공하는 남자다. 어떤 손을 내미는지 눈여겨본다면 성공한 남자를 찾는 길이 조금은 쉬워지겠지.


## ㅠ 가감승제 계산에 뛰어나다

평소 왕언니 가게의 재정 담당은 부사장의 몫. 왕언니는 한 달에 한 번 정도 부사장의 보고를 들으며 계산기를 두드린다. 그런데 영 서툴다고. 가감승제 계산이 여간 어려운 게 아니라고 한다. 오히려 성공한 남자들의 가감승제加減乘除 계산에 대해 이야기하는 것이 더 쉽다고. 성공한 남자들의 가감승제 계산이라? 그건 다음과 같다. 성공한 남자들에게 덧셈은 인재 관리를 의미한다. 그들은 좋은 인재를 항상 가까이 둔다. 인재 관리에 역점을 두고 훌륭한 인재를 키우는 데 주력한다. 그리고 승진을 시킨다든지 보너스를 두둑하게 준다든지 하는 식으로 적절하게 보상을 한다.

뺄셈은 잔소리다. 그래서 잔소리는 과감하게 뺀다. 쓸데없는 말을 늘어놓지 않고 간결하게 말한다. 필요한 경우를 제외하고는 스스로 알아서 하도록 한다. 단지 일할 수 있는 동기만을 부여한다.

곱셈은 미래에 대한 비전이다. 40대에는 무엇을 하고, 50대에는 무엇을 할 것인지 개인의 비전에서부터 회사를 위한 비전까지 구체적으로 세우고 있다. 곱셈을 잘하기 위해 어린 시절 구구단을 외운 것처럼 미래에 대한 비전을 자주 되뇌어 본다. 그리고 잊어버리지 않도록 머릿속에 아로새긴다.

나눗셈은 시간 관리다. 성공한 남자들은 하루 24시간이 모자란다. 그렇기 때문에 시간을 잘 쪼개서 쓴다. 주력해야 할 일에는 더 많은 시간을 할애하고 그렇지 않은 일에는 시간을 뺀다. 특히 비즈니스의 성패가 달린 일에는 시간을 곱한다.

우연히 성공한 남자들의 수첩을 들여다 본 적이 있다는 왕언니. 당연히 수첩 안에는 스케줄이 빽빽이 채워져 있다고 한다. 이제부터는 수첩도 살짝 들여다보자. 어떤 스케줄이 채워져 있는지를 본다면 성공할 남자인지 아닌지 가늠이 되리라.

# 성공을 불러오는 대화법 열네 가지

처음 보자마자 대뜸 반말하는 남자! 처음엔 조심하지만 한두 번
본 다음에 불쑥 말을 놓는 남자! 그런 남자들은 여자의 마음도
얻을 수 없을 뿐더러 성공하기도 어렵다는 말이구나.
반면 성공한 남자는 혀가 짧지 않을 뿐더러 태도도 짧지 않다.
세월이 지나도 늘 상대를 예의바르게 대한다.

# 필요한 만큼만 이야기한다
## — 절장보단絕長補短 대화법

저녁 식사를 하면서 왕언니와 나는 가볍게 한잔하기로 했다. 나는 맥주 두 잔에 취기가 올랐다. 어쩌지? 2차를 가야 하나. 아니면 오늘은 이만 안녕하고 헤어져야 하나. 갈등된다. 그때 왕언니가 불쑥 제안했다.

"우리 노래방 가자! 오케이?"

노래방? 고상한 왕언니와는 왠지 어울리지 않는 분위기다. 하지만 내가 왕언니의 제안을 어찌 거부하랴. 오케이! 우리는 노래방으로 직행했다. 왕언니, 무슨 노래를 부를까? 트로트? 물론이다. '동백아가씨' '봄날은 간다' '꼬마인형'을 어쩌나 간드러지게 부르는지 소름이 끼쳐 죽는 줄

알았다. 30대인 내가 부르는 트로트와 50대인 왕언니가 부르는 트로트는, 역시 차원이 다르다. 기교에 완숙미까지 더해지니 가사가 구구절절 가슴에 와서 박힌다. 그날 나는 결심했다. 50이 될 때까지는 트로트를 부르지 않으리라.

그렇다고 한 시간 내내 트로트만 부른 건 아니다. 트로트에 이어 흘러간 가요, 팝송까지 다양한 레퍼토리로 나를 또 한 번 쓰러뜨리는 왕언니. 왕언니와 노래방에 같이 와 본 남자들도 아마 나처럼 쓰러졌겠지?

노래 좋아하는 나. 이날은 노래를 부를 수가 없었다. 넋이 나가서 노래 예약을 하는 것도 잊은 채 왕언니가 노래하는 것을 멍하니 쳐다보고만 있었다. 그런 나에게 미안함을 느낀 것일까. 왕언니가 갑자기 신청곡이 있다고 말하는 것이 아닌가.

"애송이란 노래 알아?"

"렉시의 애송이요?"

"응, 그거. 우리 그거 부르자."

우와~ 왕언니가 '애송이'란 노래도 안단 말인가. 일단 부르고 보자.

"어김없이 남자들은 나를 보네. 어이없는 남자들만 다

가오네.

　나는 콧대 높은 여자, 시건방진 여자……."

　앞부분을 조용히 듣고 있던 왕언니. 중간 부분에 이르자 마이크를 부여잡고 노래에 흠뻑 빠져 열창했다.

　"감동이 없어! 재미도 없어! 별 볼일 없어! 요즘 남자들은 똑같애. 다 애송이야~"

　어찌나 소리를 지르던지 이러다 스피커 찢어지는 거 아닌지 걱정 아닌 걱정마저 들었다. 그런 나의 우려는 아랑곳하지 않고 왕언니는 신난 표정이다. 이 노래를 무척이나 부르고 싶었던가보다. 이왕 노래방에 온 김에 평소 부르고 싶었던 노래를 맘껏 불러볼까. 우리는 '애송이'를 누르고 또 누르고 연속해서 눌러댔다. 그러고는 나는 앞 소절을, 왕언니는 후렴을, 이렇게 번갈아 가면서 세 번은 부른 것 같다.

　둘이 같이 불러서 그런가. 아니면 왕언니가 이 노래를 아는 것이 신기해서 그런가. 같은 노래를 부르는데도 전혀 질리지가 않았다. 오히려 실실 웃음이 나오는 것이었다. 내가 웃음보를 터트리자 따라 웃는 왕언니. 그렇게 우리는 낄낄거리며 애송이를 연속 세 번이나 부른 것이다. 사실

한 번 더 부르려고 했는데 시간이 다 되어 어쩔 수 없이 노래방을 나와야만 했다.

그런데 너무 목청껏 불렀나. 목소리가 갈라져 나오는 것이 아닌가. 왕언니는 멀쩡한데 나 혼자서만. 목소리를 조절하면서 불렀어야 했는데 '애송이'에 너무 열을 올렸나 보다. 왕언니도 열 올리긴 마찬가지였는데 왜 나만 그러지? 이참에 왕언니의 노래 비결도 전수받아볼까?

배려의 여왕 왕언니, 목 좀 가다듬자며 카페에 들렀다 가자고 한다. 카페에 들어가 얼음 동동 띄운 시원한 아이스커피까지 주문해준다. 이러니 내가 어찌 왕언니를 좋아하지 않을 수 있겠는가. 아이스커피에 목을 축이던 나. 갑자기 왕언니가 부른 '애송이'가 궁금해졌다.

"언니가 애송이란 노래를 좋아할 줄은 몰랐어요, 의외인데요."

사실은 아는 줄도 몰랐다.

"가사가 솔직하고 발칙하잖아. 그게 맘에 들어."

솔직하고 발칙하다? 그건 그렇다. 그런데 어떤 부분이 우리 왕언니의 마음을 사로잡은 걸까?

"절장보단絶長補短이란 말 들어봤어?"

"절장보단~요? 들어보긴 했는데 무슨 뜻이죠?"

"응. 길게 늘여 말하지 않으며, 너무 짧게 줄여 말하지도 않는 거. 상대에 따라서 부족하면 채우고, 지나치면 싹둑 자른다는 의미인데. 애송이를 들으면 그 생각이 나거든."

애송이와 절장보단이 무슨 관계가 있다는 거지? 왕언니와의 이야기는 스무고개 같다. 언제나 알쏭달쏭한 말로 나를 헷갈리게 만든다.

"왜 여자들은 다양한 이야기를 하는 남자들을 좋아하잖아. 그러려면 어떻게 해야 해? 준비를 많이 해야 하거든. 그런데 말할 줄 모르는 남자들은 어떠니? 한 번 잘 생각해 봐. 어때? 공통점이 떠오르지?"

똑같은 얘기만 한다는 거? 준비하지 않는다는 거? 뭐지?

"그래 그거야. 말할 줄 모르는 남자들은 늘 똑같은 것만 묻거든. 이름이나 나이 이런 거 말이야."

그렇다. 할 얘기가 그렇게 없는지 그런 것만 묻는다. 정말 재미도 없고 감동도 없다. 별 볼일 없다.

"이 노래는 그걸 정확하게 빗대서 말하잖아. 낯간지럽게 이름은 왜 묻고 유치하게 나이는 왜 묻냐고. 그런 남자

들을 애송이라고 하면서 여자들의 느낌을 솔직하게 노래하잖아. 난 그게 너무 맘에 들어."

맞다. 정말 애송이 같이 뻔한 이야기, 뻔한 질문만 한다. 뻔뻔fun fun한 이야기를 준비해서 하면 얼마나 좋을까.

"성공한 남자들이 어떤지, 어떻게 다른지 궁금하다고 했지? 성공한 남자들은 말이야. 이미 들어서 알고 있는 뻔한 이야기는 하지 않을 뿐더러 장황하게 말하지 않아. 왜 이런 남자들 있잖아. 상대가 이해하지 못했다고 지레짐작하고 살을 붙이고 붙여서 말하는 남자들 말이야. 그런 남자들 보면 어때?"

얼마나 지겹고 식상한지, 그나마 있었던 호감도 사라지고 빨리 이야기가 끝나기만을 기다릴 뿐이다.

"그래! 여자들 기분이 그렇잖니. 비즈니스 대화도 그래. 그래서 성공한 남자들은 길고 장황하게 얘기하지 않아. 그렇다고 짧게 얘기하지도 않고. 잘못하면 단순무식한 남자로 오해받을 수 있으니까. 대화할 때 상대를 배려하면서 지나치거나 모자란 부분은 없는지 늘 헤아리고 살피지. 이게 바로 절장보단이야."

아하! 성공한 남자들은 필요한 만큼만 이야기하는구나.

길게 늘여서 장황하게 말하지도 않고, 그렇다고 너무 짧아서 의사 전달이 불명확하지도 않고. 이런 대화법을 구사하는 줄은 몰랐네! 역시 왕언니는 남자 보는 눈이 다르다. 어디 이런 남자 없나? 오늘부터 눈에 불을 켜고 찾아나설까나.

# 서론에서 명카피를 날린다
## - 명카피 대화법

둘

　　**여자는** 언제 어디서나 수다를 떨 수 있다. 밥집이든 찻집이든 술집이든. 이야기 나눌 상대만 있으면 때와 장소를 가리지 않는다. 남자가 보기엔 쫑알쫑알 쓸데없는 말을 지껄이는 것처럼 보일지도 모른다. 하지만 여자의 수다에는 남자가 알 수 없는 깊은 의미가 담겨 있다. 수다로 고민도 해결하고 스트레스도 풀 수 있다. 한바탕 수다를 떨고 나면 속이 다 후련해진다. 마음속에 꽁꽁 묻어두었던 이야기라든지 남에게 숨겨두고 싶은 이야기를 은근슬쩍 흘려보내면 말이다. 십 년 묵은 체증이 내려가는 듯하다. 아무리 설명해도 남자는 여자의 수다를 이해할 수 없으리라.

수다는 장소 선택에 따라서 좋을 수도 있고 나쁠 수도 있다. 그런 의미에서 찜질방에서의 수다는 일석삼조의 효과를 제공해준다. 낮잠도 자고, 사우나도 즐기고, 수다도 떨 수 있으니까. 그래서일까. 어떤 이들은 계모임이나 송년 모임을 아예 찜질방에서 열기도 한다. 어느 나른한 오후, 왕언니와 찜질방에서 수다를 떤 적이 있다.

"그동안 너무 무리해서 그런가. 몸이 무거운 게 아무래도 찜질방을 가줘야 할 때인 것 같은데. 우리 오늘 찜질방 가지 않을래? 이 근처에 전통 불한증막이 있거든. 생긴 지 얼마 안 돼서 시설도 깨끗하고 좋아. 가자~ 응?"

콧소리를 넣어 애교 섞인 목소리로 꼬드기는 왕언니. 아마도 내가 부끄러워서 가지 않을 거라고 여겼나보다. 하지만 천만의 말씀! 난 찜질방 마니아다. 온몸이 찌뿌듯하고 노곤할 때면 반드시 찜질방을 찾는다. 후끈후끈 열기가 느껴지는 한증막에서 쫙악 땀을 뺀다. 힘이 빠진다. 몇 번을 반복한다. 이상하리만치 몸이 가뿐해진다. 이런 기분 때문에 왕언니도 찜질방을 자주 찾는 거겠지?

"맞아! 몸이 물먹은 솜처럼 무겁다가도 한증막에서 땀

을 빼고 나면 날아갈 것 같이 가벼워지잖아. 우리 오늘 그 기분을 같이 느껴볼 수 있겠네? 호호”

드디어 왕언니와 통하는 생활습관을 하나 발견했다. 앞으로 찜질방에 더 많이 들락거릴 것 같다.

우리가 간 곳은 여성전용 찜질방. 남자는 출입금지다. 왕언니와 통하는 생활습관 하나 더 추가. 남녀 공용 찜질방은 편하게 찜질하기가 부담스러워서 별로 좋아하지 않는다. 그런데 왕언니도 그렇다고. 우리는 찜질방 파트너로 손색이 없을 정도로 죽이 척척 잘 맞는다. 가볍게 샤워를 한 후, 찜질방 투어에 나섰다. 1층은 탈의실, 사우나, 휴게실, 매점, 한증막. 2층은 피부 관리실. 여느 여성 전용 찜질방과 다르지 않다.

우리의 주목적은 한증막. 입구에서 거적을 하나씩 집어 들고 문을 열었다. 순간 뜨거운 열기가 뿜어져 나왔다. 잽싸게 거적을 뒤집어쓰고 안으로 들어가 자리를 잡고 앉았다. 일반 찜질방과는 달리 한증막은 잠시만 있어도 금세 땀이 나온다. 한 3분 정도 지났나. 뒤집어놓은 모래시계가 아래쪽에 반 넘게 쌓였다. 드디어 땀이 나오기 시작하더니 어느새 송골송골. 얼굴이며 몸이며 땀범벅이다. 이즈음 되

면 숨쉬기도 힘들어지고 답답한 기분이 든다. 왕언니를 쳐
다보며 그만 나가자고 눈짓을 했다. 하지만 왕언니는 끄떡
없는 모습이다. 나는 더 이상 참지 못하고 자리를 박차고
나왔다. 이제 좀 살 것 같다.

　잠시 후 한증막에서 나올 왕언니를 위해 냉녹차를 사고
TV를 보면서 기다렸다. TV는 광고타임. 새로 나온 광고를
넋 놓고 바라보고 있는데 왕언니 곁에 와 털썩 주저앉는
다. 힐끗 쳐다보니 땀이 홍건하다. 얼굴도 빨갛게 익었다.
나도 그러하리라. 눈길이 마주친 왕언니와 나. 누가 먼저
랄 것도 없이 배시시 웃었다. 그 웃음에 피로는 저 멀리로
사라진다. 개운함만이 우리를 감싸는 듯하다. 이때를 놓치
지 않고 한마디 하는 왕언니.

　"개운하지? 잠시 쉬었다가 다시 들어가자~."

　"예~."

　한증막에 들어갔다 나와서 그런가. 앉아 있기가 힘들
다. 베개를 찾아서 왕언니에게 하나 건네주고 나란히 누웠
다. 그러고는 TV에서 흘러나오는 광고를 물끄러미 바라보
았다. 한참 동안을 말없이. 그러다 살포시 잠이 들었나보
다. 잠결에 내 코고는 소리가 들린다. 놀라서 눈을 번쩍 떴

다. 언니도 피곤하다고 했는데 잠들었겠지. 그런데 옆을 보니 왕언니는 TV 삼매경이다.

"뭘 그렇게 재밌게 보세요? 광고인데요."

"응, 난 광고가 더 재미있어. 본 방송보다."

광고가 더 재미있다고요? 나도 그렇다. 우리 오늘 너무 통하는 거 아니에요? 그런데 왕언니가 광고를 재미있게 보는 이유는 뭘까?

"내가 광고를 좋아하는 건 짧지만 단순 명쾌하고 강한 문구가 마음에 들어서야. 어떨 때 보면 한 줄의 시 같잖아. 짧게 말하는데도 귀에 쏙 들어오고 가슴에 콕 박히잖아."

맞아요. 수많은 시간이 흘렀지만 예나 지금이나 사랑받는 광고를 보면 기억에 또렷이 남아 있다. '스포츠는 살아 있다' '침대는 가구가 아니라 과학이다' 같은 광고는 아직도 잊히지 않으니.

"그래. 나는 초코파이는 정精입니다란 광고를 아직도 잊지 않고 기억해. 너무 좋지 않니?"

왕언니가 이렇게 한 가지 주제를 길게 이야기하는 건 나에게 무언가 들려주고 싶은 게 있다는 의미다. 깊은 의미는 몰라도 이것 하나만은 완벽히 터득했다. 광고와 성공한 남자. 아마도 이것이 오늘의 주제리라.

"맞아. 눈치가 많이 늘었는데, 뭔지 알려줄까? 말까?"

당연히 알려줄 거면서 슬며시 농을 건다. 이럴 때 보면 왕언니도 귀엽고 깜찍하다. 누가 쉰 살로 보겠는가. 그나저나 어떤 관계가 있는 걸까.

"비즈니스 대화를 할 때는 페이스 조절을 잘 해야 하거든, 마라톤처럼. 프로 마라토너를 보면 초반 레이스부터 무리하지 않아. 중반쯤에 와서야 조금씩 힘을 쏟지."

그렇다. 완급을 적절하게 조절하면서 자신의 페이스대로 경기를 이끈다. 그런데 광고 얘기를 하다가 왜 갑자기 마라톤 얘기가 나오는 거죠.

"앤, 급하긴. 내 애길 끝까지 들어봐. 나 계속 얘기해도 되지?"

그럼요. 지금까지는 무슨 얘기를 하는지 하나도 모르겠거든요. 왕언니 말대로 차분히 들어봐야지만 알 것 같다.

"아까 말한 대로 마라톤 할 때 페이스 조절을 잘 하면 마침내 완주가 가능해지잖아. 비즈니스도 마찬가지야. 비즈니스 상대와 이야기를 나눌 때는 마라톤처럼 페이스 조절을 잘 해야 성공적인 대화에 골인할 수 있어."

아! 이야기도 마라톤처럼 페이스 조절을 해야 한단 말이군요. 그래서 마라톤 이야기를 꺼냈고요. 같은 것을 보고도 어떻게 저런 생각으로 연결지을 수 있을까. 대단하다. 그런데 성공한 남자들은 비즈니스 상대와 대화할 때 어떻게 페이스 조절을 하죠?

"성공한 남자들은 서론이 짧아. 초반부터 결코 무리하거나 이야기를 장황하게 늘어놓지 않아."

어렵다. 서론을 짧게 말하다니. 그러면 자신이 하고자 하는 말은 언제, 어떻게 하는 걸까.

"오늘따라 급하게 앞질러 가려고 하네. 차분히 좀 들어보라니까. 내가 쉽게 말해줄게. 그러니까 성공한 남자들은 서론을 짧게 말하고 상대로 하여금 먼저 선두를 치고 나가게 만들어. 엉뚱하지만 음악이라든지 미술이라든지 아니면 영화든 스포츠든 상대가 관심을 가질 만한 이야기를 꺼내는 거야. 그러고는 상대가 관심을 보일 적에 그러니까 진정으로 말하고자 하는 타이밍에서 교묘하게 본론을 꺼내더라고. 본론만 집중 공략하는 셈이지. 그러면 상대는 거의 반격할 기회를 놓치고 틀림없이 자신의 페이스대로 쫓아오게 돼 있거든."

"그런데 아까 광고가 무슨 관련 있는 듯이 말했잖아요. 이게 서론을 짧게 말하는 것과 무슨 연관이 있는 거죠?"

"내가 처음에 한 말을 놓치지 않고 잘 듣고 있었구나. 자, 생각해봐. 서론에서 상대의 흥미를 자극하고 귀를 사로잡으려면 어떻게 하는 것이 좋을까?"

재미있고 인상에 남을 수 있는 이야기를 하는 게 중요할 것 같은데요. 아하! 그러면?

"그래. 우리가 광고의 명카피는 아직도 기억하고 있잖아. 그런 것처럼 이야기의 서론을 광고의 카피 문구처럼 준비하라는 말이지. 그럼 서론을 짧게 얘기해도 상대가 관심을 가지게 되거든. 실제로 성공한 남자들이 서론을 이야기하는 걸 보면 광고 카피 같을 때가 많아."

이런 깊은 뜻이 담겨 있을 줄이야. 왕언니는 무엇 하나 예사롭게 넘기지 않나보다. TV 광고를 보면서도 성공한 남자들의 대화법과 연관 지어서 생각하다니. 아직도 배워야 할 것들이 너무 많다. 그래서 행복하다. 하나하나 일깨워주는 왕언니가 옆에 있기에.

# 이야기는 주거니 받거니
## – 더블매치 대화법

**왕언니의** 아지트, 덕소. 산속에 있어 고요하고 공기도 맑다. 철마다 울긋불긋한 꽃들이 피어나고, 푸르른 나무들이 우거져 있다. 휴식을 취하기에 안성맞춤이다. 더구나 서울에서 그리 멀지 않지만 서울을 떠나 멀리 온 듯하다. 어떻게 발견했을까. 왕언니 역시 서울 가까이에 이런 곳이 있는 줄 몰랐다고 한다. 김칫독을 묻을 곳을 찾고 있었는데 처음 본 순간 '여기다'라는 생각이 들었다고. 그래서 일말의 망설임도 없이 바로 계약했다고 한다. 한눈에 반한 것이다.

나도 첫눈에 반했다. 부럽다. 나의 마음을 알아챈 왕언니. 언제든 대환영이란다. 도심을 떠나고 싶어질 때든 심신이 괴로워 쉬고 싶어질 때든 개의치 말고 오라고 한다. 그렇지만 아무 때나 방문할 수는 없다. 왕언니가 항상 그곳에 있는 건 아니니까. 왕언니는 주말에만 그곳을 찾는다. 그래서 나는 왕언니와 약속했다. 덕소에 갈 일이 있을 때면 언제든 불러달라고 말이다. 한달음에 달려갈 테니까.

왕언니, 약속한 것은 반드시 지키는 사람이다. 어느 토요일 오후, 반가운 전화가 걸려왔다. 덕소에 갈 일이 있는데 시간이 되느냐고. 당연하다. 이런 기회를 마다할 내가 아니다. 총알같이 왕언니 곁으로 날아갔다. 한시라도 지체하고 싶지 않은 마음에.

다시 찾은 덕소. 내 기억 속의 모습 그대로다. 아니다. 조금 달라졌다. 내가 처음 찾았을 때는 봄. 하지만 지금은 어느새 7월이다. 꽃들은 흔적 없이 사라졌다. 대신 신록만 짙다. 봄에 담근 장이 제대로 숙성되었는지 살피러 왔다는 왕언니. 도착하자마자 장독으로 내달려간다. 숨 가쁘게 나도 그 뒤를 바짝 뒤따랐다. 어머니의 치맛자락을 놓치지 않으려고 쫓아가는 아이처럼.

마당에 장독들이 빽빽하다. 장독마다 이름표가 붙어 있

는데 장을 담은 날짜와 이름이 쓰여 있다. 예컨대 〈2007. 4. 5. 매실 고추장〉〈2006. 5. 5. 마늘 고추장〉 같은 식으로. 언제, 어떤 재료로 장을 담갔는지 한눈에 알아볼 수가 있다.

왕언니, 장독의 뚜껑을 한참이나 열어본다. 그러고는 고개를 숙여 장의 색깔을 확인한다. 검지로 쿡 찔러서 고추장을 살짝 떠낸다. 맛을 본다. 고개를 끄덕인다. 흡족한 듯 미소를 머금는다. 장이 제대로 담가졌나보다. 나도 다가가 왕언니처럼 흉내내본다. 텁텁하다. 하지만 알싸한 맛이 입 안으로 가득 퍼진다. 맛있다. 그렇게 장독을 하나하나 확인해보는 왕언니의 뒷모습은 예술이다.

그렇게 장독 순례를 다 마쳤다. 갑자기 도망가듯 왕언니가 나의 팔을 잡아끈다. 소개시켜 줄 분이 있다고. 아니 덕소에도 소개할 사람이 있단 말인가. 그렇다. 왕언니의 덕소 집을 관리하는 분이 계신다. 예전에 모 방송국에서 시사토론 프로그램을 진행하던 분인데 지금은 은퇴해서 이곳에 살고 있노라고 왕언니는 내게 살짝 귀띔했다.

손님으로 만나서 지인으로. 더구나 덕소의 관리까지 맡겼다고 하는데, 어떤 분일까? 왕언니와 인연이 있는 분을 만나게 되어서 그런가. 두근두근 설렌다. 왕언니를 따라서

2층으로 올라갔다. 조심스럽게 계단을 오르는데 도란도란 이야기 나누는 소리가 들렸다. 무슨 내용인지는 잘 모르겠다. 하지만 간간히 웃음소리가 들리는 걸 보면 즐거운 대화가 오고가는 것은 분명하다. 누굴까? 궁금하다.

똑똑똑~ 노크를 하고 슬며시 방문을 열었다. 비슷한 연령대로 보이는 세 명의 남자가 앉아 있었다. 우리를 쳐다봤다. 문 쪽에 등을 지고 앉아 있는 남자가 우리 쪽으로 고개를 돌렸다. 초로의 신사분이다. 이분이 바로 왕언니가 소개시켜 주려고 하는 분(참! 왕언니는 이분을 회장님이라고 부른다. 그래서 나도 그렇게 부르기로 했다). 다른 분들은 왕언니의 남편과 친구들이라고 한다. 아~ 여기서 왕언니의 남편까지 만나게 되다니! 왕언니를 낚아챈 행운의 남자는 누굴까. 참 궁금했었다. 그래서 만나야 할 사람은 만나는 것이 인연의 법칙인가보다. 핸섬한 얼굴에 덤으로 살인미소까지 지으며 인사를 건넨다. 부부는 서로 닮는다고 하던가. 왕언니처럼 그 남자도 역시 멋지다.

우리를 따뜻하게 반기는 회장님. 손수 녹차를 내오셨다. 그러면서 나에게 이런저런 질문을 던지셨다. 어떤 일을 하느냐, 여기 오니까 좋지 않느냐 등등. 왕언니에게도 질문했다. 하는 일은 잘 되느냐, 어디 아픈 데는 없느냐 등등. 그러고는 이전까지 나누었던 이야기를 간단히 요약해서 우리에게 들려주었다. 덕분에 왕언니와 나는 자연스럽게 그들의 이야기에 동참하게 됐다. 그렇게 두런두런 정겨운 이야기꽃을 피우는 사이, 창문 너머로 하루해가 저물고 있었다.

어느덧 밤 10시. 왕언니와 나는 서울로 돌아오고 있었다. 예전에 없었던 새로운 사람들을 만난 탓인가. 피곤했다. 졸음이 자꾸 밀려왔다. 자꾸만 눈이 감기려고 한다. 눈치 빠른 왕언니, 이를 놓칠 리가 없다.

"졸립구나. 내가 운전할까?"

"운전하는 거 싫어한다면서요. 제가 운전할게요. 대신 졸음 쫓을 수 있는 얘기나 해주세요."

"음~ 무슨 얘기를 해줄까? 아까 회장님 만나니까 어땠어?"

타고난 것인지 아니면 이력 때문인지 대화의 기술이 빼어난 것 같다. 이야기를 능수능란하고 자연스럽게 이끌어 나가는 분이란 인상이 강했다.

"제대로 봤네. 나도 처음에 그분 만나고 정말 놀랐거든.

어떻게 그렇게 이야기를 잘 이끄시는지 그분과 함께 하는 식사 자리는 언제나 즐겁고 화제가 끊이질 않더라고. 마치 시냇물이 졸졸졸 흐르는 것처럼 말이야."

그래요. 아까 바로 그런 느낌이었어요. 졸졸졸 시냇물이 흐르는 듯한.

"보통은 혼자서 말하는 경우가 많잖아. 그런데 아까 회장님하고 우리 다섯 사람이 앉아 있는데 다섯 사람이 고루 말할 수 있는 분위기를 참 자연스럽게 연출하지 않니?"

돌이켜 생각해보니 입을 꽉 다물고 있었던 사람이 없었다. 다섯 명이 고루 말하며 대화를 나누었던 것 같다. 그래서 자리가 즐거웠던 것이리라.

"그래! 성공한 남자들은 말이야. 그분처럼 상대를 자연스레 대화에 끌어들여 함께 이야기를 나눌 수 있도록 하거든. 한 사람이라도 입을 꽉 닫고 있는 게 보이잖아, 그러면 그 사람을 향해서 슬그머니 이야깃거리를 던져서 말을 하도록 만들어. 왜 일방적인 대화는 말할 의욕을 상실하게 만들잖아. 혹시 123 법칙이라는 거 알아?"

123 법칙이요? 들어보긴 들어본 것 같다. 하지만 기억이 잘 나지 않는다.

"123 법칙이 뭐냐면, 나는 1분만 말하고 상대의 말을 2분 동안 들어주며 남은 3분은 맞장구를 쳐주라는 거야. 그러니까 상대도 같이 대화할 수 있도록 배려하면서 대화를 나눠야 한다는 거지. 그게 바로 성공하는 비즈니스 대화고, 성공하는 남자들의 대화법이거든. 나는 그런 걸 더블매치라고 불러."

"더블매치라고요? 그건 테니스나 탁구 등 두 사람이 하는 경기 아닌가요?"

"응. 그런 더블매치 경기 보면 재밌잖아. 특히 점수가 오락가락, 앞서거니 뒤서거니 동점이 됐다가 엎치락뒤치락 진행되는 더블매치 게임은 흥미진진하잖아. 반면에 일방적인 게임은 시들하고. 대화도 그래. 혼자서만 일방적으로 대화를 끌고 나가면 상대는 말할 기회조차 생기지 않거든. 그러면 소외감이 느껴지기도 하고 지루하기도 하잖아."

맞다. 혼자서만 주절주절 떠들어대는 자리는 지루하다. 때로는 하품이 나는 걸 억지로 참아야만 할 때도 있다.

"그래. 나도 그런 적 몇 번 있었어. 그런데 말이야 성공한 남자들이 대화하는 걸 들어보면 하품이 날 시간이 없어. 왜냐고? 점수가 나지 않으면 감독이 선수 교체를 하듯 대화의 주제를 바꿔서 상대로 하여금 비등한 점수로 따라 오도록 유도하고 배려하거든. 공통 화제를 가지고서 진지하게 주거니 받거니 대화를 나누니까 지루할 새가 없지."

성공한 남자들은 대화를 나눌 때 더블매치 게임처럼 주거니 받거니 한단 말이죠. 혼자서만 대화를 끌고 가지 않고요. 다양한 주제로 상대에게도 말할 기회를 주는군요. 그러면 더블매치 게임만 좋아하는 남자가 아니라 대화도 더블매치로 즐기는 남자를 찾아야겠다. 즉, 자신이 1분 말하면 상대에게 2분 말할 기회를 주는 남자로 말이다. 그런데 이건 어떻게 알아보나. 대화할 때 '시작!' 하고 시간을 재봐야 하나.

# 유쾌 · 상쾌 · 통쾌
## - 삼쾌 대화법

세상에 공짜를 싫어하는 사람은 없다. 나도 그렇다. 아무리 사소한 것이라도 공짜는 좋다. 횡재한 느낌이다. 그래서일까. 안 될 걸 알면서도 가끔씩은 이벤트에 응모를 하고는 한다. 당첨이 되면 좋고 그렇지 않아도 그만이다. 밑질 게 하나도 없으니까. 재미로 해보는 거다. 그런데 큰 건 안 되고 소소한 건 가끔 당첨이 된다. 모 자동차 회사의 자동차 렌트와 콘도 숙박권에 당첨된 적도 있고, 10만 원 백화점 상품권에 당첨된 적도 있다. 그러고 보면 약간의 운은 따르는가보다.

얼마 전에 미술관 초대권 이벤트에 재미삼아 응모를 해

봤다. 설마 하는 마음으로 한 건데 이게 웬 떡인고, 턱하니 당첨된 것이다. 앗싸! 왕언니랑 가야지. 근데 왕언니가 그림 보는 거 좋아할까. 아마 싫어하진 않으리라. 이번엔 내가 왕언니에게 제안을 했다.

"언니, 저랑 미술관 갈래요? 저한테 초대권이 생겼거든요."

"미술관? 요새 바빠서 아무것도 못 봤는데, 좋지~ 가자!"

단번에 수락하는 왕언니. 역시나 화끈하다. 평일에는 시간을 뺄 수 없다기에 어쩔 수 없이 주말에 가기로 했다. 사람이 없어야 할 텐데 걱정이다. 약속한 주말. 예상대로 대만원이다. 서울에 있는 사람들이 다 미술관에 모였나. 매표소에 줄이 길게 늘어서 있다. 더구나 방학이라 아이들까지 북적거린다. 시끌시끌한 게 미술관이 아니라 시장에 온 듯하다. 내가 원한 건 이런 게 아니다. 조용하고 여유로운 관람이었다.

이를 어쩌나. 힐끗 왕언니를 쳐다보니 모처럼만에 미술관 나들이가 즐거운 모양이다. 주변의 소음에도 아랑곳하지 않고 그림에 빠져 있다. 내가 쳐다보는 것도 모르는 것 같다. 그림에 시선을 고정하고 찬찬히 들여다보고 있다. 휴~ 다행이다. 나도 주변 의식하지 말고 왕언니처럼 그림에 빠져볼까. 나를 사로잡는 그림 앞에 서서 온 신경을 그림에 집중했다. 차츰 소음이 멀어지는 듯하다. 그림을 바라보고 있자니 마음이 평온해진다. 더구나 내가 좋아하는 사람과 함께니 더 이상 바랄 바가 없다. 그렇게 행복한 기분에 취해 왕언니와 함께 1층과 2층에 전시된 그림들을 관람했다.

모처럼만에 미술관에 오니까 기분이 좋다는 왕언니. 한턱 쏘고 싶단다. 이 기분을 좀더 누리고 싶다는 말을 덧붙이며. 어디로 갈까. 그래, 그곳이 좋겠다! 피카소의 그림이 전시된 갤러리 겸 레스토랑으로 왕언니를 안내했다. 맛있는 저녁도 먹고, 조용하게 그림도 더 관람할 수 있고. 오늘 하루를 마감하기에 더할 나위 없이 맞아 떨어지는 장소일 것이다.

음식이 나오는 동안 우리는 2층으로 올라가 피카소의 그림을 감상했다. 흡족할 때면 잔잔하게 미소를 짓는 왕언니. 지금 바로 그 미소를 짓고 있다. 왕언니의 얼굴 위로 모나리자 그림이 겹쳐진다. 아름답다!

"무슨 할 말 있어? 왜 그렇게 뚫어지게 쳐다봐?"

들켰다. 몰래 쳐다보고 있었는데 그런 나의 시선을 느꼈나보다. 갑작스런 왕언니의 말에 나는 그만 얼굴이 새빨개졌다. 대답을 하지 못하고 우물쭈물하고 있는데 장난을 거는 왕언니.

"얘는 무슨 잘못하다가 들킨 것처럼 그러니? 나한테 반한 거 아냐~ 맞지? 호호"

어떻게 알았지? 사실 나 오늘도 왕언니한테 반했다. 그걸 딱 들켰으니 무안할 수밖에. 얼굴이 더욱 새빨개진다. 내 모습이 웃겼는지 왕언니가 더 놀리려고 한다. 그런데 아래층에서 우리를 부르는 소리가 들렸다. 음식이 나왔나보다. 휴~ 다시 한 번 다행이다. 왕언니가 놀리기 시작하면 아무도 벗어날 수 없다. 그런데 때마침 나온 음식이 나를 구원해준 것이다. 식사를 마친 왕언니, 불쑥 인사를 건넨다.

"오늘 덕분에 눈도 즐겁고 입도 즐거웠어. 아주 감동적인 하루야."

눈도 즐겁고 입도 즐겁다니 뜻 모를 왕언니의 말에 어리둥절하다.

“아름다운 명화를 봤으니 눈이 즐겁고, 이렇게 맛있는
음식을 먹으니 입도 즐겁다고. 그래서 감동적이고 행복하
다고.”

무슨 말씀을. 왕언니가 시간을 내준 덕분에 저도 눈과
입이 즐거운 하루가 됐어요. 그렇지 않으면 아마도 사람
많다고 투덜대면서 집으로 되돌아갔을 것이다.

“그래. 나도 처음엔 사람이 많아서 조금 불편하더라. 애
들이 시끄럽게 떠들 땐 불쾌하기도 했고. 그래도 험담이나
불평, 비아냥거리거나 투덜거리는 말은 아니니까 참을 만
하더라고.”

예? 물론 그런 말은 없었다. 좀 떠들긴 했지만. 그런데
왜 생뚱맞은 이야기를 하는 거죠?

“있잖아. 그런 말은 상대에게 불쾌함을 주잖아. 생각만
해도 눈살이 찌푸려지지 않니? 불쾌한 말을 들었을 때를
한 번 생각해봐. 그때 어때?”

“음, 그런 말을 들으면 웃지도 않고 멀뚱히 쳐다보기만
하죠. 내색할 수는 없으니까 속으로는 기분 나빠하고요.”

“그래. 불쾌한 말은 손뼉 대신에 뒷짐을, 웃음 대신에
침묵하게 만들거든. 이렇게 되면 상대를 내편으로 만들 수

도 없고, 비즈니스는 실패하거든. 그래서 성공한 남자들은 상대를 불쾌하게 하는 말을 하지 않아. 아까 말한 험담이나 불평, 비아냥거리거나 투덜거림. 그리고 반말이나 거짓말, 지나친 자랑이나 잦은 꾸지람 같은 말 말이야."

아! 성공한 남자들은 상대를 불쾌하게 만드는 말은 하지 않는군요. 그럼 어떤 말을 하죠? 불쾌의 반대말이 뭐였더라. 갑자기 생각하려니 떠오르질 않는다.

"즐거움을 전달하는 말을 하지. 삼쾌가 들어 있는."

'삼쾌'가 들어 있는 말이라. 유쾌, 상쾌할 때의 그 '쾌'를 의미하는 건가.

"어~ 맞아. 내가 말하는 삼쾌란 유쾌, 상쾌, 통쾌야. 상대가 이야기에 손뼉을 치고 크게 웃을 수 있는 말들 말이야. 박장대소한다고 하지. 성공한 남자들은 그런 말을 해서 상대에게 즐거움을 전달하거든. 왜냐면 손뼉을 치고 크게 웃게 만들어야 상대를 내편으로 만들 수가 있으니까. 혹시 우리집 종업원들 이름표 기억나니?"

"당연히 기억하죠. 그런 이름을 어떻게 잊어버리겠어요. 지배인, 매니저라는 명찰이 아니라 이장, 면장, 군수 같은 이름표였잖아요."

"그래. 그런데 내가 왜 이런 이름을 지었는지 알아? 우리집을 찾는 단골들에게 즐거움을 주기 위해서야. 이름표를 보면서 웃게 만드는 거지. 그리고 다른 가게와 차별도 돼서 기억에 남잖아."

맞다. 나도 아직 기억하고 있는 걸 보니 차별화는 확실하게 성공했다.

"손님에게, 그러니까 상대에게 즐거움을 주도록 말하는 것이 바로 성공의 원인이 되거든. 우리가 그림을 보는 이유도 즐겁기 때문이잖아. 그래서 사람들이 많이 몰리는 거고. 대화에서도 그런 즐거움을 줄 수 있는 남자가 바로 성공하는 거야."

이제야 왕언니가 하려는 말이 무엇인지 접수됐다. 그러니까 성공한 남자들은 말할 때 즐거움을 전달한다는 거다. 그림을 볼 때 눈이 즐거운 것처럼, 맛있는 음식을 먹을 때 입이 즐거운 것처럼, 노래를 들을 때 귀가 즐거운 것처럼. 즐거워서 상대가 귀를 열고 마음을 열 수 있게 말이다. 이제는 남자들의 이야기를 잘 들어봐야겠다. 즐거움을 전달하는 남자는 Yes지만 불쾌함을 전달하는 남자는 No다.

# 결론을 유도할 줄 안다
## - 결론유도 대화법

**올해는** 봄을 제대로 만끽할 새도 없이 어느덧 여름이다. 여느 해보다 일찍 찾아온 더위 때문에 몸은 나른하다. 식욕도 없다. 더구나 기운까지 쭉 빠진다. 마치 병든 닭처럼 힘들게 하루를 보내고 있었다. 그런데 왕언니, 이제는 나의 마음뿐 아니라 몸 상태도 체크하는가보다.

"요즘 더워서 기운 없지?"

"예. 축 늘어지는 게 내 몸이 내 몸 같지 않아요."

"내가 원기를 보충해줄 테니까 시간 날 때 가게에 한번 들러~."

원기를 보충해준다고요? 한의원에 가자는 말인가. 그 정도는 아닌데. 무슨 말인지 궁금해서 도저히 참을 수가 없다. 전화를 받은 다음 날, 왕언니 가게를 방문했다.

왕언니의 한정식집은 계절에 따라 달마다 날마다 찬이 바뀐다. 가령 봄에는 쑥 된장국, 가죽나물 무침을, 여름에는 아욱 된장국, 오이냉국을, 가을에는 토란국, 송이버섯 볶음을, 그리고 겨울에는 만둣국, 무말랭이 무침을 내놓는다. 계절 음식의 신선함을 그대로 전해주고 싶은 왕언니의 마음이다. 그런데 여름에는 메뉴가 한 가지가 더 추가된다고 한다. 영계백숙이나 추어탕이다. 더위에 지친 손님들의 건강을 위해 지난 10여 년간 매년 여름마다 내놓았다고 한다. 원기를 찾아주는 특별 보양식인 것이다. 그런데 올해부터는 메뉴가 변경됐다. 삼계탕에서 오골계로 바뀌었다. 그리고 나를 초대한 것이다.

살과 가죽, 뼈가 모두 새까만 토종 오골계. 작년 여름휴가 때 한 번 먹어본 적은 있다. 그다지 끌리지는 않았다. 하지만 왕언니가 특별히 준비한 오골계는 뭔가 색다를 것 같다. 입맛을 다시고 있는데 왕언니는 친절하게도 뼈를 다 발라서 내주는 것이 아닌가. 이렇게 황송할 때가…… 밥

숟가락 위로 살 한 점씩을 받아 넙죽넙죽 먹고 있었다. 그런데 이런 우리를 시샘하는 사람이 있는가보다.

평소 잠잠하던 휴대폰이 가방 안에서 요동을 친다. 받을까 말까를 고민하는데 눈짓을 주는 왕언니. 어서 받으라고. 하지만 임금님 수라상 부럽지 않은 식사를 하고 있던 나. 방해받기 싫어 무시했다. 하지만 전화벨은 이런 나의 속을 모르는가보다. 왕언니보다도 헤아리지를 못한다. 계속해서 울린다. 전화벨을 잠재우려면 받는 수밖에 없다. 대충 건성으로 대답하고는 끊었다. 옆에서 듣고 있던 왕언니, 궁금한가보다.

"누구야?"

"얼마 전에 소개로 만난 남자예요."

나의 대답에 반색하는 왕언니. 눈까지 크게 뜨고서 질문 공세를 퍼붓기 시작한다.

"그래? 어때? 마음에 들어? 왜 전화했대? 보고 싶대? 만나재?"

제대로 답할 틈도 주지 않는다. 사실 그간 왕언니에게 남자 이야기를 꺼낸 적이 한 번도 없었다. 만나는 남자가 없었으니까. 그런데 갑자기 남자가 등장한 것이다. 왕언니

가 관심을 갖는 것은 당연하다.

"그런데 왜 그렇게 시큰둥하게 받았어? 별로야?"

그럼요. 마음에 들면 양해를 구하고 재깍 받았겠죠. 왕언니한테는 미안하지만 그게 여자의 마음 아닌가요?

"그렇지. 언뜻 들으니까 안 된다고 하는 것 같던데, 거절한 거야?"

"예. 내일 만나자고 하기에 안 된다고 했어요."

잠시 생각에 빠진 왕언니. 그녀의 침묵에 별의별 생각이 들기 시작한다. 마음에 들지 않아도 한 번 더 만나봤어야 하는 건가. 너무 매몰차게 거절했나. 혹시 이런 질책을 당하는 건 아닌지 내심 두려워지는데, 침묵을 깨고 들려주는 왕언니의 말은 의외다.

"잘했어!"

질책이 아니라 칭찬이다.

"그 남자 협상의 법칙도 제대로 모르는 남자네. 그런 남자는 만나봤자 뻔해. 정말 잘했어."

왕언니, 나보다 더 그 남자가 싫은 모양이다. 그런데 어떤 점이 마음에 들지 않은 걸까.

"자기가 마음에 들면 말이야. 여자가 거절할 수 없게 해야지. 그런 아주 간단한 것도 못하는데 어떻게 성공할 수 있겠어. 하나만 봐도 열을 짐작할 수 있지.”

여자가 거절할 수 없게 하다니, 마음에 드는 여자를 사로잡는 방법이 따로 있나. 귀가 솔깃해진다.

“그럼~ 자기가 원하는 게 뭐야. 너를 만나는 거잖아. 그럼 너에게 선택권을 줘야지.”

“여자에게 선택권을 준다고요? 어떻게 선택권을 준다는 거죠? 내일 만나자고 한 게 나한테 선택권을 준 게 아닌가요?”

“아니, 거절할 수 없는 선택권을 줘야지.”

거절할 수 없는 선택권이라. 그런 말은 처음 들어본다. 왕언니의 이야기에 좀더 귀를 기울여보자. 분명 확실하게 이해할 수 있는 답을 들려줄 것이다.

“내일 만날래요? 하고 먼저 결론을 내리는 식으로 물으면 대답은 뻔하지. 된다 안 된다 둘 중 하나잖아. 그런데 말이야, 내일 만날래요? 모레 만날래요? 하고 물으면 사람 마음이 어때? 둘 다 거절할 수가 없잖아.”

맞다. 내일도 안 되고 모레도 안 된다고 대답하는 것은 상대에게 너무 무례한 행동이 될 수 있다. 이렇게 물어보

면 좀처럼 거절하기 어렵다.

"그래. 이게 바로 거절할 수 없는 선택권이야. 상대가 둘 중 하나를 선택하도록 결론을 유도하는 거지. 결국 본인은 자신이 의도한 목적, 즉 너와의 데이트를 할 수 있고 지난 번 너의 마음을 사로잡지 못했던 걸 만회할 수 있는 기회를 얻을 수 있잖아."

"거절할 수 없는 선택권이라고 해서 무슨 어려운 용어인 줄 알았는데 의외로 간단하네요. 상대로 하여금 내 결론에 따라오도록 유도하라는 말이군요."

"그렇지! 성공한 남자들은 쉽게 결론을 내리지 않아. 왜 그런지 알아?"

글쎄다. 곰곰이 생각해본 적이 없어서 잘 모르겠다.

"쉽게 결론을 내리면 내 마음은 충족돼도 상대의 마음은 얻지 못하기 때문이야. 득심 없이는 성공할 수 없거든. 비즈니스의 하수를 보면 이런 것도 모르고 죽자고 결론만 내리려고 하거든. 상대의 마음은 열리지 않았는데도 말이야. 하지만 비즈니스 고수는 상대의 말을 경청하고 마음을 얻어. 만약에 세일즈맨이 처음 만나자마자 물건을 팔려고 하면 어때?"

물건에 대해 자세한 설명을 듣기도 전에 거부감부터 생긴다. 귀도 닫고 마음도 닫고 빨리 그 세일즈맨에게서 벗어날 수 있기만을 고대한다.

"그래. 그래서 말이야 유능한 세일즈맨은 고객이 나를 왜 찾는지 궁금하게 만들어. 처음부터 물건을 팔려고 하지 않아. 물건에 대한 이야기는 하지 않고 계속 만나는 거야. 그러고는 결국 이쪽에서 나를 왜 만나러 오는 건지 궁금해서 물어보게 만들어. 그때 팔려는 물건 얘기를 하지. 성공한 남자들도 마찬가지야. 상대로 하여금 자신이 원하는 결론을 말할 수 있게끔 유도하거든."

그렇군요. 때로는 베테랑 연애박사처럼, 때로는 유능한 세일즈맨처럼 성공한 남자들은 상대로 하여금 결론을 내리게끔 한단 말이군요. 성급한 마음에 결론을 내버리는 남자. 그런 남자는 여자의 마음을 얻을 수도 없거니와 비즈니스의 성공을 가져올 수도 없구나.

그러고 보니 왕언니도 그렇다. 항상 나로 하여금 성공한 남자가 어떤 남자인지 결론을 내리게끔 만든다. 이렇게 나는 오늘도 성공한 남자에 대한 결론을 또 하나 얻었다.

# 철저하게 저울질하되 남과 비교하지 않는다
## - 저울질 대화법

7월의 어느 월요일 새벽. 여느 때 같으면 단잠에 빠져 있을 시간이다. 하지만 나는 졸린 눈을 부비며 집을 나서 가락동 농수산물 시장으로 갔다. 왕언니를 만나기 위해서다. 왕언니는 매주 월요일이면 이곳으로 출근한다고 한다. 새로운 재료들은 어떤 것들이 나왔는지 동향도 살피고 신선한 재료들도 구할 겸 겸사겸사 시장에 간다고 한다. 왕언니의 일거수일투족에 관심이 많은 나. 이른 시간임에도 불구하고 기꺼이 새벽시장 나들이에 동행했다.

새벽인데도 시장 안은 장을 보러온 사람들로 북적북적

하다. 이렇게 이른 아침부터 하루를 시작하는 사람들이 꽤 많은가보다. 이미 물건은 진열을 마친 상태. 가지런히 누워서 팔려나가길 기다리고 있다.

왕언니는 어떻게 장을 볼까? 세심한 성격이 장보기에도 그대로 드러난다. 시금치, 당근, 양파 등 음식에 들어가는 각종 재료들이 신선한지 꼼꼼하게 살펴본다. 그러고는 마음에 드는 재료를 발견하면 재빨리 주문한다. 단으로 포장된 것은 두 단이라든지 세 단이라든지 필요한 수량을 말하고 단으로 산다. 그렇지 않은 재료는 꼭 저울에 달아 눈금을 확인하고 산다. 그런데 계산을 하는 왕언니. 가격을 흥정하지 않는다. 시장 상인이 부르는 그대로 지불한다. 깔끔하다. 그러니 시간도 오래 걸리지 않는다. 대략 한 시간 정도면 장보기가 끝난다고 하니까.

장보기를 마치고 돌아오는 차 안. 새벽에 나온 내가 대견한가보다. 자꾸만 힐끔힐끔 쳐다본다. 지난 번 레스토랑에서 나를 놀렸던 왕언니에게 복수할 수 있는 기회다. 때를 놓치지 않고 나도 장난을 쳐본다.

"왜 그렇게 쳐다보세요? 저한테 반하셨어요?"

"응. 몰랐어? 너도 나한테 반했구, 나도 너한테 반했잖

아. 우리가 동성이라는 게 슬프다. 그지? 다음 생에는 이성으로 만나자, 응?”

혁~ 왕언니 한술 더 뜬다. 애초에 장난을 건 내가 잘못이다. 어떻게 왕언니를 놀릴 수 있겠는가. 꿈이 너무 야무졌다. 꼬리를 내리는 나의 모습에 슬그머니 화제를 돌리는 왕언니.

“어때? 새벽시장 나오니까 활기차고 좋지?”

“예. 아침 일찍부터 부지런히 사는 분들이 참 많은 것 같아요.”

“응. 그래서 난 월요일 아침마다 여기 오는 게 너무 좋아. 일주일 동안 나도 이분들처럼 열심히 살아야겠다는 생각이 들거든.”

그럴 것 같다. 삶의 현장에서 동분서주하는 분들을 보니 덩달아 나도 힘이 샘솟는 것 같다.

“그래. 삶의 활력이 생기지. 하루를 일찍 시작하니까 기분도 상쾌하고 말이야.”

정답이다. 아침에 일어날 때는 더 자고 싶은 마음에 잠깐 망설였다. 하지만 잘했다. 왕언니 말대로 기분이 절로 상쾌해진다. 뿌듯하다. 이런 게 바로 새벽시장을 보는 묘

154

미인가보다. 다시금 새벽시장의 모습을 되짚어보는데 불현듯 왕언니의 독특한 장보기가 떠오른다. 가격 흥정도 하지 않는. 왕언니만의 장보기 철학이 있을 것 같다. 나는 호기심이 가득한 눈길을 보내며 왕언니에게 노하우 공개를 요청했다.

"응. 내가 10년 동안 한정식 집을 운영하면서 체득한 노하우를 알려달란 말이네. 원래 맨입에 알려주진 않는데, 어떻게 할까? 알려줄까? 말까?"

"오늘 새벽잠도 물리고 나온 저를 봐서라도 특별히 인심 좀 쓰시죠. 부탁해요~."

"그래. 오늘 새벽에 일찍 일어난 보너스다."

이보다 두둑한 보너스는 없을 것이다. 10년 동안 체득한 왕언니만의 장보기 노하우, 그것을 특별히 공개하는 거니까.

"아주 오래된 철칙인데, 우선은 무슨 물건이든지 제값을 주고 사는 거야. 한 번도 깎아서 사본 적이 없어. 그 사람들도 물건 팔아서 사는 사람들이잖아. 그래서 난 물건에 합당한 값을 지불해야 한다고 생각하거든. 음식에 들어가는 물건을 사는 데는 돈을 아끼지 않아. 제값을 주고 사지.

대신 물건만 신선하면 돼. 제값에 사고, 나도 제값 받고 팔면 되거든.”

아하! 그래서 가격 흥정을 하지 않았군요. 이제야 왕언니의 행동이 이해가 된다. 그리고 또 다른 원칙은 뭘까.

“그건 말이야. 다른 가게와 절대 비교하지 않는 거야. 예를 들어 다른 가게는 더 많이 준다고 하거나 이 집은 재료들이 신선하지 않다고 하거나, 그런 말을 하지 않는 거야.”

보통은 다른 가게와 비교해서 더 많이 달라고 말하는데, 역시나 장보는 법조차도 남다른 왕언니.

“다른 집과 비교하면 내 가치가 떨어지기 때문이야. 비교하지 않는 게 오히려 이득이거든. 대신 저울 눈금만 정확한지 보면 돼. 그러면 시장 상인이 알아서 넉넉하게 넣어주거든. 이게 다 저울질하되 비교하지 않은 덕분이야.”

제값 주고 사고, 저울질하되 비교하지 않는다. 이게 바로 왕언니만의 장보기 비법이군요. 이제부터 나도 장볼 때 활용해봐야겠다. 왕언니가 알려준 비법이니 효과 만점일 것 같다.

“장볼 때만 활용하지 말고, 성공한 남자들을 고를 때도 활용해봐.”

성공한 남자들을 고를 때 활용하라고요, 어떻게요? 알 수 없는 왕언니의 말에 나는 고개를 갸웃거렸다.

"내 말이 어려워? 쉽게 얘기해줄게. 성공한 남자들은 내가 시장을 볼 때처럼 비즈니스 대화를 할 때 비교하지 않거든. 식사하는 자리에서 비교와 관련한 어떤 말도 꺼내지 않아."

앞뒤 정황을 짚어보면 비즈니스 대화를 나눌 때 비교하지 않고 저울질한단 말인 것 같다. 그건 알겠다. 하지만 슬프게도 그 뜻은 잘 모르겠다.

"그러니까 상대 회사를 앞에 두고 다른 회사 얘기를 꺼내서 비교하지 않는 거야. 상대 회사를 비교하면 자기 회사도 비교당할 수 있거든. 그래서 비교를 하지 않아. 대신 상대 회사의 스와트 분석을 하지. 회사를 떠나서 인간관계도 마찬가지고. 상대를 비교하지 않고 다만 어떤 사람인지 저울질할 뿐이야."

이제야 조금 이해가 된다. 상대를 비교하지 않고 어떤 사람인지, 어떤 회사인지를 저울의 눈금을 보는 것처럼 살핀다는 말이죠.

"그래! 그거야. 우리도 비교당하면 싫잖아. 옆집 누구는

100점 맞았는데 넌 왜 70점이냐 하구 말이야."

그렇다. 어렸을 때 이런 비교의 말이 무척이나 듣기 싫었다. 성적이 나빠서 속상해 죽겠는데 설상가상 부모님은 옆집 아이까지 들먹이며 나의 속을 긁는다. 그러면 나중에는 부모님이 아니라 옆집 아이가 미워진다.

"그래. 웃기게도 아무 죄 없는 그 친구가 미움을 받지. 자기와 그냥 비교 당했을 뿐인데도. 대신에 부모님이 이렇게 말하면 기분 좋잖아. 이번에 70점을 맞았는데 원인이 뭐니? 다음번에는 좀더 열심히 해서 80점을 맞으면 어떨까? 하구 말이야."

"정말 그런 얘기를 들으면 기분 나쁘지 않고 오히려 공부를 열심히 해야겠다는 생각이 들 것 같은데요?"

"응. 그거야. 이제야 딱딱 들어맞는 것 같군. 이해 속도가 꽤 빨라졌는걸. 그러니까 내 말은 성공한 남자들은 상대를 비교하지 않는다는 거야. 대신 어떤 상대인지 정확하게 저울질하지. 마음속으로 말이야. 상대를 설득할 때도 비교하지 않아. 누구는 잘 해주는데 당신은 왜 그러냐. 이런 식으로 절대 말하지 않아. 왜냐면 진정한 설득은 비교하지 않는 것에서 시작되니까."

왕언니의 말을 요약해보면 성공한 남자들은 절대 상대를 비교하지 않는다. 대신 어떤 사람인지 마음속으로 저울질한단 말이다. 찬찬히, 그리고 정확하게. 고로 성공하는 남자를 만나고 싶다면 다른 이와 비교하는 남자는 안 되겠다. 그는 성공하는 남자가 될 수 없으니까. 더구나 상대를 배려하지 않고 기분 나쁘게 만들 테니까. 새벽시장에 나간 나, 왕언니의 저울질을 통해 남자를 저울질하는 법을 배웠다.

# 술자리는 입으로도, 눈으로도 즐긴다
## - 술자리 대화법

황금 같은 토요일. 어둠이 어스름히 깔리며 달빛이 교교히 비추는 시각. 왕언니와 나는 서울을 떴다. 1박 2일의 코스로 목포를 향해 달렸다. 원래는 덕소에 들어가 하룻밤을 보내기로 했다. 하지만 김치공장에 문제가 생겨 급작스레 목포에 갈 일이 생긴 것이다. 올해 들어 한 번도 여행을 떠나지 못했기에 그리고 왕언니와 함께였기에. 왕언니를 따라 과감히 길을 나섰다.

이제 왕언니의 차를 타면 자연스레 운전은 내가 담당한다. 왕언니는 오늘도 차 키를 나에게 건네주고 조수석에 앉는다. 그게 더 편한가보다. 우리가 택한 코스는 서해안 고속도로. 목포까지 쭉~ 직진해서 달리기만 하면 된다. 다행이 강남을 빠져나오는 길도 막히지 않았고 서해안 고속도로를 타는 길도 막히지 않았다. 순조롭게 서해안 고속도로에 진입했다. 저녁이라 그런지 차량이 별로 없다. 밤길 운전이라는 것을 제외하고는 거침없이 달리기에 제격이다.

왕언니는 운전자의 마음을 헤아릴 줄 아는 훌륭한 조수다. 운전자가 졸리지 않도록 옆에서 재미있는 유머를 곁들이는 것은 기본. 중간 중간 아이스박스에 담아온 음료수를 종이컵에 따라 마시라고 건네준다. 피곤하다 싶으면 초코바를 포장까지 뜯어서 준다. 운전에만 집중할 수 있도록 보조를 칙칙 맞춰준다.

그렇게 한 네 시간 정도 달렸나. 목포 IC가 나왔다. 톨게이트를 나와 어디로 가야 하나 망설이는데 왕언니, '저기로 가자'고 표지판을 가리킨다. 목포하면 유·달·산! 올라가지는 못해도 한 바퀴는 둘러보는 게 예의란다. 표지판을 따라 차를 몰았다. 한밤중이라 컴컴해서 산의 형세가 제대로 보이진 않았다. 하지만 그런들 어떠하리. 왕언니와 내가 목포에 왔다는 게 중요한 것 아니겠는가.

유달산을 한 바퀴 휘 돌아보고 방향을 잡은 곳은 내항. 왕언니, 서울에서 이곳 목포에 왔는데 그냥 숙소로 들어가기는 아쉽단다. 밤이 깊긴 했지만 그래도 회 한 접시는 먹어야 한다고. 나는 늦은 시간인데다 회를 그다지 좋아하지도 않기에 내키진 않았다. 하지만 왕언니를 따라 나선 길. 모든 것을 왕언니의 선택에 맡기기로 했다. 내항 입구는 회타운이다. 가게 주인들이 들어오라고 손짓한다. 하지만 왕언니와 나는 바닷가 분위기가 물씬 풍기는 총각이 서 있는 횟집을 선택했다. 투박하고 순박해 보이는 모습이 왠지 끌린다면서.

밤 12시가 넘었건만 횟집 안은 초저녁 같다. 계모임을 가지는 듯 보이는 아줌마들, 대학생 무리로 보이는 젊은이들, 살짝 취기가 돋 아저씨들, 데이트 나온 연인들……. 모두들 회 한 접시를 시켜놓고 삼삼오오 모여 앉아 이야기꽃을 피우고 있다. 거나하게 취한 사람도 없다. 기분 좋게 회와 술을 즐기고 있다.

우리도 회 한 접시에 소주 한 병을 주문했다. 그런데 이게 웬걸. 메인 요리가 나오기 전에 나오는 밑반찬이 푸짐하다. 이것만 먹어도 배가 부를 것 같다. 새우에 대게 다리에 해삼, 멍게 등 온갖 해산물이 다 올라와 있다. 역시 지방일수록 인심이 좋다. 그 넉넉한 마음에 네 시간을 달려 온 피로가 한꺼번에 풀리는 것 같다. 밑반찬이 이러할진대, 메인 요리는 두말 하면 잔소리. 싱싱한 회가 접시 그득히 담겨 나왔다. 고생했다며 술을 한 잔 따라주는 왕언니.

"자, 우리 목포에 온 기념으로 건배하자~ 목포는~."

"목포는? 아! 항구다! 맞죠?"

"그래! 건배!"

좀 우스꽝스럽겠지만, 서울에만 있던 우리에게는 모처럼만에 일탈이다. 목포에 내려온 것이 마냥 신났다. '목포는 항구다'로 건배 제의를 하고 왕언니는 첫잔을 단숨에 삼켰다. 물론 나는 술잔에 입술만 가져다 댔다. 아직 숙소에 도착한 것도 아니고 소주는 질색이므로. 술잔을 높이 드는 왕언니를 위해 보조만 맞춰준 것이다.

그런데 이를 어쩌나. 회를 별로 좋아하지 않는데……. 그래도 왕언니의 기분을 망칠 수는 없다. 젓가락을 움직이지 않으면 무안해 할까봐 회를 집어 입 안에 슬며시 넣어 보았다. 어머! 이거 서울에서 먹는 회와는 좀 다르다. 질기지 않고 부드럽다. 왕언니의 표현을 빌리자면 '입에서 살

살 녹는다.'

왕언니, 산지에서 먹는 싱싱한 회라 그런지 더욱 입맛이 당기나보다. 맞장구 쳐주는 이도 없건만 혼자서 술잔을 기울이며 회 한 점, 두 점, 세 점……. 어느새 회가 반으로 줄어들었다. 나는 가끔 잔을 마주쳐 주고, 술잔을 채워주었다. 그런데 문득 드는 생각. 왕언니, 이러다 취하는 것 아닌가.

"걱정하지 마~. 맛있는 음식이 있고 기분 좋게 마시니까 하나도 안 취해."

사람마다 주량이 있는데 왕언니는 주량이 센가보다.

"그렇지 않아. 나도 주량이 센 편은 아냐. 자주 마시다 보니까 조금 느는 것 같긴 한데, 세다고 할 수는 없지. 그리고 성공한 남자들을 만나니까 말이야. 그들의 술 마시는 법도 배우게 되더라고."

성공하는 남자들의 술 마시는 법. 그건 뭘까.

"성공한 남자들은 술을 마셔도 좀처럼 흐트러지지 않아. 주사가 없이 아주 깔끔하게 마시더라고. 근데 아까 네가 말한 것처럼 사람마다 주량이 있을 텐데 어떻게 그렇게 마실 수 있는 건지 궁금한 거야. 나도 궁금하면 못 참는 성격이잖아."

맞다. 왕언니도 나 못지않게 궁금한 건 꼭 짚고 넘어가야 하는 성격 같다. 역시 우리는 비슷한 데가 많다. 아니면 내가 점점 왕언니를 닮아가는 건가. 그런데 관찰 결과는 어떻게 나왔을까.

"입으로만 술을 마시는 게 아니라 눈으로도 마시더라고."

입으로만 마시는 게 아니다. 눈으로도 마신다? 도통 무슨 말인지 감이 안 잡힌다.

"그러니까 입으로도 눈으로도 상대와 맞춰가면서 마시는 거야. 자신의 주량이 어느 정도인지를 가늠하고 그 이상을 마시지 않아. 상대와 보조를 맞추면서 기분 좋게 술을 마시는 게 올바른 비즈니스기 때문에 분위기 좋을 정도까지만 마시는 거야. 거기서 끝이야. 술은 적당히 마셔야 이익이거든."

그렇다. 이기지 못하는 술을 많이 마셔본들 본전이다. 자칫하면 엄청난 손해를 불러올 수도 있다. 때문에 적당히 마셔야 이익이라는 건 알겠다. 그런데 어떻게 마셔야 적당히 마시는 걸까.

"그건 말이야. 나를 알고 취하되, 흐트러지지 않을 정도로, 기분 좋게 마시는 것이 적당히 마시는 거야. 주색잡기酒色雜技라는 말 알지? 망가지는 건 술로부터 시작해. 잘되면 세상의 주인主이 될 수 있지만 잘못하면 세상의 경고 대상으로 전락하는 주注가 될 수 있거든."

아, 같은 술酒을 마셔도 세상의 주인主이 될 수도 있고, 경고의 대상注이 될 수도 있구나. 잘 마시면 약이 될 수도 있고 독이 될 수도 있다는 이치와 같다. 술버릇이 나빠서야 세상의 주인을 어찌 바랄 수 있겠는가.

눈 따로, 입 따로 마셔서 상대를 기분 나쁘게 하는 남자는 절대 사절! 깔끔하고 멋진 술버릇을 가진 남자를 찾아야겠다. 즐겁게 술을 마실 줄 아는 남자가 진정 성공한 남자가 될 수 있을 테니까. 이런 남자를 찾으려면 일단 술자리를 찐~하게 가져봐야겠는 걸. 그런데 술 약한 나는 그 자리에서 어떻게 견뎌야 하나.

# 펄떡펄떡 대화가 살아있다
## – 생동감 있는 대화법

오늘은 서울로 돌아가야 하는 날. 아쉽다. 목포에 내려오자마자 다음날 바로 서울로 올라가야 하다니. 왕언니는 이런 나의 마음을 읽은 걸까.

"우리 이렇게 내려온 김에 좀더 돌아보다가 가는 게 어때? 아침 일찍 가지 않으면 어차피 차 막히잖아. 점심 먹고 오후에 가자~."

굿 아이디어! 목포에서 일단 서해안 고속도로를 탔다. 거침없이 달리다 군산 IC로 빠졌다. 이곳부터는 국도. 한쪽으로는 산이, 다른 한쪽으로는 강이 보이는 한적한 드라이브 코스가 펼쳐졌다. 자동차의 속도를 줄이고 곁눈질로

주변의 풍경을 구경하면서 달렸다. 시원한 자연의 바람을 맡기 위해 창문을 살짝 열어두었다. 그렇게 달려 도착한 곳은 왕언니의 고향이었다. 전라북도 익산시 웅포면 웅포리. '사람을 알려면 그 사람의 고향을 알아야 한다'고 하지 않던가.

왕언니가 살았다는 동네. 소박하고 푸근한 느낌이다. 들판이 많고 산은 야트막했다. 산과 들의 중간쯤, 집들이 옹기종기 모여 있었다. 천천히 동네를 한 바퀴 돌아보며 어린 시절 그녀의 이야기를 들려주었다. 여기는 얼굴이 예뻐서 동네 남자들이 졸졸 따라다니던 친구 집이고, 저기는 나랑 제일 친한 친구 집이고, 또 저 모퉁이를 돌면 과부 아주머니 집이 나오고, 그 옆은 이장 할아버지 집이고, 왕언니는 기억력도 참 좋다. 40여 년 전의 일을 줄줄이 꿰고 있으니. 친구 집은 물론이고 골목길까지 정확히 기억하고 있었다.

왕언니, 갑작스레 동네 구경은 그만하자고 한다. 대신 멋진 곳을 보여주겠단다. 아주 자그마한 절이다. 그런데 역사가 꽤 오랜 곳이라고 한다. 그러면서 초등학교 시절 봄, 가을 소풍갔던 곳이라고 주절주절 설명한다. 왕언니의 추억이 고스란히 남은 그곳은 숭림사. 달마대사가 숭산 소림사에서 9년간 도를 닦았다는 옛이야기를 기리는 뜻에서 지은 절이라고 덧붙인다. 가람의 규모는 썩 크지가 않다. 아담하다. 인적도 드문 곳 같다. 내 마음에 쏙 든다. 이런 마음에 불을 지피는 왕언니의 뚱딴지 같은 말이 있었으니…….

"남자친구 생기면 봄에 여길 꼭 다시 와봐. 절로 들어가는 길을 걸으면 사랑도 절로 피어나거든. 그리고 길 양쪽으로 벚꽃이 흐드러지게 피는데 엄청 예뻐."

아까 아까 지나간 그 길인가보다. 길 양쪽으로 울울창창한 나무들이 서 있었다. 그 나무가 벚나무였구나. 벚꽃이 만발할 즈음에 언젠가 만날 내 님과 함께 손을 잡고 다정하게 걸으면 좋다는 말이지. 더구나 사랑도 절로 피어난다고 하니 그 언젠가 남자친구가 생기면 반드시 와봐야지. 이렇게 속으로 다짐하는 나. 기억하자. 웅포 숭림사. 그리고 벚꽃. 숭림사 벚꽃길은 사랑을 맺어주는 길. 쌍계사 십리길만 어디 사랑의 길이던가.

"그리고 말이야. 해질 무렵엔 여기를 가봐야 해. 지금 가면 얼추 시간이 맞겠는 걸. 빨리 가자!"

어디요? 재촉하는 왕언니를 따라 발걸음을 옮긴 곳은 곰개나루였다. 금강이 한눈에 내려다보이는 곳. 강물이 유유하다. 건너편으로는 또 다른 행정구역인 충청남도 장항과 한산이 멀리멀리 보였다. 우리가 도착한 시간은 해질 무렵. 노을이 저만치 보였다. 마치 수줍은 여인네의 볼처럼, 해가 아름답다. 불그스름하게 물들고 있었다. 숨이 턱 멎을 것만 같았다. 옴짝달싹 못 하고 있었다. 누군가 내 어깨를 툭 친다. 왕언니였다.

"멋있지?"

"예!"

이 말밖에 달리 할 말이 없었다. 그림 같았다!

"이렇게 노을도 봤으니까 웅포에서 볼 건 다 본거야. 이제 웅포에서만 먹을 수 있는 걸 먹으러 가자."

"예."

나는 수줍은 새색시 같은 목소리로 답했다. 그런데 웅포에서만 먹을 수 있는 것? 그건 또 뭐지? 세상을 몰라도 난 너무 모른다. 왕언니를 따라가려면 난 아직도 한참은 멀었다고 생각한다. 당연하지. 왕언니는 50대고 나는 30대인데. 그걸 단숨에 따라잡으려고 하다니. 천천히 따라가

자. 왕언니와 간 곳은 우어회집. 우어회가 뭐냐고? 나도 이 날 처음 들었다. 왕언니, 우어회가 뭐죠?

"우어회는 전라도 사투리고, 원래는 웅어가 표준말이 야. 여기 웅포는 물이 깨끗하고 갈대가 많아서 우어가 많 이 잡히거든. 갈대밭이 우어의 산란장소래. 그러니까 웅포 에 오면 꼭 우어회를 먹어야 해. 우어회 처음 먹어보지?"

"그럼요. 우어회가 있다는 것도 처음 알았어요."

"여기 우어는 자연산이야. 금강 하구 둑에서 갓 잡은 거 니까 많이 먹어."

주 종목이 아니라 별로 끌리진 않지만 자연산이라니까 먹어봐야겠지. 상추에 싸서 마늘 넣고 된장 얹어서 한 입 베어 문 나. 그런데 우두둑하고 뭔가가 씹히는 게 아닌가. 설마 뼈는 아니겠지.

"그건 펄떡펄떡 살아있는 걸 바로 잡아 통째로 썰어서 그런 거야. 그 씹히는 맛 때문에 먹는 사람도 많아. 어때? 담백하고 고소하지?"

왕언니의 말을 들으니 그도 그런 것 같다. 담백함을 느 끼는 것 같은데, 그렇지만 도통 맛은 잘 모르겠다. 도대체 서울에서 먹는 회랑 뭐가 다른 걸까?

 "이건 100퍼센트 자연산이거든. 살아있는 것을 바로 잡은 거야. 그러니까 가격이 비싼 것은 물론이고 선도도 최상이고 맛도 좋아. 서울에서 우리가 먹는 생선하고는 비교할 수도 없을 정도로 말이야. 그래서 자연산에 맛들이면 다른 생선은 못 먹어. 신선하지도 않고 비리거든."

 아니 그 맛의 차이를 느낀단 말예요. 한정식 집을 해서 그런가. 왕언니가 음식 이야기를 할 때면 막힘이 없다.

 "근데 웃긴다. 남자 중에서도 그런 남자가 있어. 냉동 생선처럼 겉은 멀쩡하지만 속은 비실비실한 남자들이 있어. 그런가 하면 말이야. 자연산처럼 펄떡펄떡 대화를 나눌 줄 아는 남자들도 있어. 대개 성공한 남자들이 그렇게 살아있는 대화를 하지."

 성공한 남자들은 펄떡펄떡 살아있는 대화를 나눈다?

 "응. 정말이야. 말하는 태도도 그렇고, 이야깃거리도 그렇고, 내뱉는 말투도 그래. 상대가 말하면 그냥 듣고만 있지 않아. 고개를 끄덕이고 있거나 맞장구를 쳐주기도 하고, 또 바로 이어받아서 말을 해. 그러니 대화가 술술술 풀리지. 그리고 영상을 보는 것처럼 이야기해. 예를 들어 내가 가보지 않은 곳도 생생하게 묘사해서 말하니까 그곳에 가본 것 같은 느낌이 들 정도야. 그야말로 생동감이 넘치지."

"그런 대화를 듣고 있으면 마치 그곳에 있는 것 같겠네요?"

"그렇지. 안 가본 곳도 마치 가본 곳 같아. 또 말투는 어찌나 힘차고 박력 있는지. 축 처져 있다가도 이런 남자들이랑 대화를 나누면 힘이 솟아나. 뭔가 할 수 있을 것 같은 기운이 충만해져. 한마디로 지금 우리가 먹는 자연산 우어회랑 똑같아. 봐~ 우어가 살아있는 것 같잖아."

그러니까 성공한 남자들은 자연산처럼 생동감이 넘치는 대화를 나누는구나. 아니 어떻게 이런 비유를 하면서 이야기를 하지. 그러고 보니 왕언니의 말에도 생동감이 넘친다. 아! 왕언니같이 말하는 남자를 찾으면 되겠다. 그렇게 생각하니 남자를 보는 눈이 조금은 밝아지는 것 같다.

# 상대를 배려할 줄 안다
## – 배려하는 대화법

한 두세 번 만났나. 제법 괜찮다. 외모 준수하고, 예의 바르고, 성격도 모나지 않다. 한눈에 뽕 갈 정도로 반한 건 아니지만 그럭저럭 마음에 든다. 사실 이 나이에 너무 많이 가려도 좋지 않다. 내가 보기에 괜찮은 남자는 남이 보기에도 괜찮은 남자. 이미 한쪽 손에는 여우같은 마누라의 손이, 다른 한쪽 손에는 토끼 같은 아들이나 딸의 손이 잡혀 있다. 내가 잡을 손은 남아 있지 않다.

두세 번 정도 만난다는 건 서로 어느 정도 호감이 있다는 의미. 그런데 이 시기가 가장 중요하다. 앞으로 만남을 지속할 만한 가치가 있는 남자인지 아닌지를 파악해야 한다. 잘못하다가는 코 꿸 수도 있으니까. 나이가 들면 신중해진다. 좋은 말로 하면 그렇다. 나쁜 말로 하자면 이것저것 재는 것이지만 어쩔 수 없다. 이왕 늦었다면 현명하게 선택하는 게 당연한 이치 아니겠는가.

이 남자, 잘 모르겠다. 나 혼자는 판단을 내리기가 쉽지 않다. 5 대 5로 팽팽하다. 이럴 때는 객관적으로 파악해줄 누군가가 필요하다. 나에게는 그런 역할을 하기에 최고의 적임자, 왕언니가 있지 않은가. 왕언니, 남자를 보면 한눈에 알아본다. 도사다.

나의 새로운 남자친구(아직은 아니지만 편의상 그렇게 부르자), 왕언니가 더 기쁜가보다. 그도 그럴 것이 주말마다 집 안에서 빈둥거리기 일쑤에 왕언니가 어디 가자고 하면 잽싸게 뛰쳐나오니 딱했을 것이다. 멋쩍은 듯 현관으로 들어오는 나. 그리고 옆에 엉거주춤 따라오는 남자를 왕언니는 화사하게 웃으면서 반긴다.

"어서 오세요~ 얘기 많이 들었어요."

아니다. 난 왕언니에게 많은 이야기를 하지 않았다. 새로 만난 남자가 있는데 어떤지 봐달라고 한 적밖에. 왕언니의 안목을 발휘해달라고 한 적밖에.

"맛있는 걸 준비한다고 했는데 맘에 들지 모르겠어요. 어서 들어요~."

왕언니, 나의 남자친구로 낙점을 찍었나보다. 마치 친정엄마가 사위를 만난 듯 살갑게 대한다. 조기를 찢어서, 삼합을 싸서 그의 앞에 놓아준다. 새로운 찬이 나올 때마다 권한다. 왕언니의 그런 태도가 고맙기도 하지만 한편으로는 무안하다. 몸 둘 바를 모르겠다. 하지만 내 앞의 그, 익숙한가보다. 자연스레 이야기를 주고받으며 식사를 한다. 그러다 뭔가 색다른 것을 발견한 듯 눈을 휘둥그레 뜨고 왕언니에게 묻는다.

"이거 토하젓이죠?"

왕언니, 잠시 주저하다가 고개를 끄덕인다.

"이거 예전엔 임금님 진상품이었다면서요?"

"아~ 그랬어요? 그건 몰랐는데요."

이상하다. 왕언니가 모르는 것도 있나. 왕언니는 손수 김치를 담근다. 때문에 젓갈에 대해서는 일가견이 있는 줄 알았는데 아닌가보다.

"토하젓은 말이죠. 깨끗한 하천이나 오염되지 않은 민

물에서만 나오는 새우로 만들거든요. 나주 토하젓이 아주
유명하죠. 밥에 비벼 먹으면 그만이에요. 고소한 풍미가
끝내주거든요."

나주라면 왕언니의 고향과 가까운 곳이다. 그런데 왕언
니가 몰랐다니 정말 의외다. 나는 의아한 눈빛으로 왕언니
를 쳐다봤다. 나를 보며 찡긋 윙크하는 왕언니. 어~ 왕언
니도 알고 있나보다. 그럼 그렇지! 왕언니가 누군데 토하
젓을 모르겠는가. 내 앞에 앉은 남자, 우리는 아랑곳하지
않고 밥에 토하젓을 비벼 먹는다. 그러면서 줄창 젓갈 이
야기를 늘어놓는다.

예컨대 새우젓은 짭조름하니 담백한 맛이 일품이라느
니 멸치젓은 비릿하지만 깊은 맛이 일품이라느니. 왕언니
고개를 끄덕이면서 그의 말을 들어준다. 그러니 한술 더
뜬다. 가관이다. 황석어젓은 어린 조기로 만든 젓갈인데,
황석어젓으로 김치를 담그면 구수하고 맛깔스럽다고. 그
러면서 혹시 황석어젓으로 담근 김치 먹어봤냐고 묻는다.

제발 그만! 왕언니는 김치 전문가다. 그것도 100여 종의
다양한 종류와 젓갈을 넣어 김치를 담그는 김치 명인이란
말이다. 제발 번데기 앞에서 주름잡지 말라고요. 나의 간

절한 눈빛을 그는 읽지 못했나보다. 계속 지껄여대는 그의 말에 나는 무안해서 차마 고개를 들 수조차 없었다. 이후 로는 어떻게 식사가 끝났는지도 모르겠다. 후식까지 먹은 후, 나는 재빨리 자리를 정리했다.

현관문을 나서는데 왕언니 슬쩍 내 치마를 끌어당긴다. 왕언니를 쳐다보니 뭔가 이야기를 하고 싶은 눈짓이다. 고개를 끄덕여 답했다. 왕언니와 차 한 잔 더 마시고 가겠다며 여기서 그만 헤어지자고 했다. 그도 마지막의 썰렁한 분위기를 눈치 챘나? 집까지 데려다 주겠다고 물고 늘어지지 않는다. 그렇게 그를 보내고 왕언니와 나는 다시 안으로 들어왔다. 크게 한숨을 내쉬며 입을 떼는 왕언니.

"나한테 어떤지 봐달라고 했지? 이런 말하기 그런데……."

"그랬죠. 언니의 안목을 최대한 발휘해서 어떤 남자인지 평가해달라고 부탁했잖아요. 솔직히 말해주세요."

"응. 그럼 나 솔직하게 말한다. 그 남자 만나지 마. 너무 별로야."

그럴 줄 알았다. 김치 전문가를 앞에 두고 이러쿵저러쿵 말을 늘어놓았으니 마음에 들턱이 있겠는가.

"마음에 들고 안 들고를 떠나서 난 혼자서만 신나서 떠벌리는 남자는 딱 질색이거든. 아까 말이야. 그 남자의 기와 흥을 살리기 위해서 일부러 모른 척 한 거거든."

그럼 그렇지. 김치 명인인 언니가 젓갈에 대해서 모를 리가 있겠는가. 잠시나마 오해했던 내가 부끄럽다.

"그런데 왜 그렇게 사람을 질리도록 만드는지. 혼자서 막 떠들어대잖아. 그 젓갈을 담은 사람이 누구겠니. 바로 나잖아. 그런데 상대에 대한 아무런 배려도 없이 자기가 아는 거 나왔다고 혼자 신나서 주절주절 얘기하는데, 중간중간 고개를 끄덕여주기는 했지만 너무 하더라."

안하무인같이 우리에겐 얘기할 기회조차 주지 않더니만 왕언니한테 완전 찍혔나보다.

"중요한 건 말이야, 아까 그 남자같이 일방적으로 혼자만 떠들어서는 성공할 수가 없어. 상대와 적절히 호흡과 장단을 맞춰가면서 편안한 분위기의 시간을 가지는 것이 중요하거든. 성공한 남자들은 어떤지 아니? 자기가 알고 있는 내용이기는 하지만 때때로는 일부러 모른 척 해. 왜냐고? 상대가 마음껏 의견을 펼칠 수 있는 분위기를 만들어주기 위해서야. 상대를 위해서 한발 뒤로 물러서는 미

덕을 발휘하는 거지. 또 중간에 모르는 내용이 나오면 솔직하게 모른다고 인정해.”

아는 것을 때때로 모른 척 하는 건 알겠다. 상대가 흥겹게 대화할 수 있는 장을 만들어주기 위해 아까 왕언니가 그런 것처럼 말이다. 그런데 모르는 것은 모른다고 한다고요? 보통은 몰라도 아는 척 하지 않나.

“그건 성공하지 못한 남자들의 이야기고. 성공한 남자들은 모르는 것은 솔직하게 모른다고 말해. 오히려 상대에게 모르는 것을 물어서 알려고 하지. 상대에게 배운다는 생각으로 대화를 풀어나가. 귀를 활짝 열고 상대의 이야기를 끝까지 경청하면서 말이야. 얼마나 겸손한지 그런 남자를 보고 있으면 멋있다는 생각이 절로 들어. 진짜 성공한 남자를 만나고 싶거든 이런 미덕을 갖춘 사람을 만나야 해.”

그렇다. 혼자서만 신나서 떠벌리면서 편안한 분위기의 대화를 기대하는 것은 어불성설이다. 모르는 것은 솔직하게 모른다고 인정한다. 그리고 설사 아는 내용이 나와도 때로는 모르는 척 하는 것이 바로 성공한 남자의 대화법이다. 그러니 이런 남자를 만나야 한단 말이구나. 그럼 오늘

만난 그 남자는 꽝이네. 성공한 남자는 못 만났지만 그래
도 그렇지 못한 남자는 건어냈으니 다행으로 여겨야겠지.
그런데 아는 것도 모른 척 하며 상대를 배려하면서 이야기
하는 그런 남자는 도대체 어디 있는 걸까? 나타나기만 해
봐라~ 콱! 잡고 안 놓을 테다.

# 혀도 짧지 않고 태도도 짧지 않다
## – 예의바른 대화법

왕언니의 전속기사가 된 나. 둘이서 나들이 할 일이 있으면 운전은 내 차지다. 다행이 난 조수석에 앉아 있는 것보다 운전을 즐기는 타입이다. 거리 감각은 없지만 방향 감각은 남다르다. 한 번 간 길은 바로 입력된다. 다음번에 찾아갈 때 헤맨 적이 없다. 도로를 쌩쌩 달리는 기분이 좋다. 반면, 왕언니는 운전을 질색하는 타입이다. 거리 감각도 방향 감각도 없다고 한다. 그래서일까. 옆 자리에 앉아서 음료수라든지 과자를 건네주는 것이 더 적성에 맞는다고. 이래저래 우리는 호흡이 착~착~ 맞는다. 환상의 커플이다.

세월이 약이라는데 운전도 그렇다. 시간이 지나니 왕언니의 차도 이제는 제법 익숙하다. 처음에는 의자의 위치 조정 버튼이 어디 있는지 사이드 미러는 어떻게 조절하는지를 몰라 헤맸다. 더구나 차가 커서 앞뒤 간격도 가늠이 안 됐다. 하지만 이제는 알아서 척척 조절한다. 주차도 식은 죽 먹기다.

하지만 때로는 너무 익숙한 것을 경계해야 한다. 습관에 젖어 방심하게 된다. 그날도 그랬다. 왕언니와 신나게 떠들다가 깜빡이를 켜고 옆 차선으로 끼어들었는데, 아차! 사각지대를 확인하지 않고 끼어든 것이다. 이를 어쩌나. 접촉사고가 난 것일까. 다행히 사고가 나지는 않았다. 간발의 차로 사고의 순간은 모면했다. 양측 깜빡이를 켜고 미안하다는 표시를 보냈다. 그런데 뒤차의 주인, 성격이 불같은가보다. 옆 차선으로 옮기더니만 우리 차 옆으로 온다. 창문을 열고 다짜고짜 고함을 지른다.

"그렇게 끼어들면 어떻게 해?"

"죄송해요. 못 봤어요."

어안이 벙벙했지만, 잘못했으니 우선 사과부터 했다.

"운전 못하면 차를 몰고 다니질 말든지!!!"

황당하다. 언제 봤다고 대뜸 반말이신지.

"앞으로 운전 똑바로 해!"

그러고는 횡~하니 차를 몰고 사라진다. 그 차의 뒤꽁무니를 멀뚱하니 쳐다보는데 왕언니 내 어깨를 다독이며 한마디한다.

"무시해."

그래! 내가 의도적으로 그런 것도 아닌데 무시하고 운전하자. 그런데 나의 수난은 여기서 끝나지 않았다.

왕언니의 가게 앞에 차를 주차하자마자 울리는 전화. 모르는 전화번호다. 누구지? 전화를 받으니 예전에 방송에 출연했던 회사의 사장이다. 그런데 이사람 웃긴다. 나를 몇 번이나 봤다고 은근 말을 놓는다. 완전 반말은 아니지만 거의 반말에 가깝다. 여직원을 대하는 듯한 말투다. 이를 테면 "전에 방송한 테이프가 안 왔는데, 누구한테 연락하면 되나?" "추석 때 재방송 나간다는데 언제 나가나?"라는 식이다. 자기 마음대로 말꼬리를 확 자른다. 기가 차서 말이 나오질 않는다. 담당자 연락처를 알려주고 전화를 뚝 끊어 버렸다. 왕언니, 달라진 나의 낯빛을 보고는 묻는다. 자초지종을 설명하니 피식 웃는다. 이게 어디 웃을 일인가? 같이 화를 내줘도 모자랄 판국이다.

"화낼 필요가 뭐 있어. 그럼 그런 사람이랑 같은 사람이 되는 거지."

아! 그런가. 나도 같은 사람이 되는 건가.

"응. 아까 우리 운전할 때 안 끼워준 사람 있잖아. 옆에 와서 막 반말하면서 고함지르던……."

맞다. 그 사람도 다짜고짜 반말했다.

"그렇게 반말하는, 나는 그걸 혀 짧은 남자라고 하는데……."

잠깐! 반말하는 남자를 혀 짧은 남자라고 부른다고요? 하여튼 왕언니의 독특한 표현력은 알아줘야 한다니까. 그런데 그런 남자들이 뭐요?

"난 그런 남자들은 무시해. 물론 마음속으로 말이지. 말은 곧 인격이잖아. 고로 반말하는 사람은 반 인격이라고 할 수 있거든. 본인들은 아마 모를 거야. 자신이 반말을 함으로써 반 인격이 된다는 걸. 가는 말이 고우면 오는 말이 곱다는 걸 왜 모르는지."

"그러게요. 상대가 반말을 하면 저도 모르게 반말이 불쑥 튀어나오려고 하거든요. 그런데 상대가 저를 존중해서

말하면 저도 상대를 그렇게 대하게 되더라구요.”

“그래. 그게 바로 성공한 남자와 그렇지 못한 남자의 차이야. 성공한 남자들은 상스럽거나 예절에 벗어나는 행동을 좀처럼 보이지 않으려고 언제나 조심하거든. 그래서 우리집 여종업원에게도 함부로 반말하지 않아. 더군다나 비즈니스 파트너 앞에서는 더하지. 그들은 반말을 하는 순간 인격이 떨어진다는 걸 알기 때문이야. 한두 번 만나고 불쑥 말 놓는 남자를 보면 어때?”

한 마디로 재수 없죠. 처음부터 대뜸 반말하는 남자도 그렇지만, 한두 번 본 다음부터 불쑥 말 놓는 남자도 마찬가지였던 것 같다.

“응. 근데 왜 그런 기분이 들었을까?”

아직 내 마음이 안 열려서 그런가. 자세히 생각해보진 않았지만 아마도 그랬던 것 같다.

“그래. 누구나 쉽게 마음의 문을 열지 않잖아. 특히 여자는 자신을 소중하게 대하려는 남자에게 마음을 빼앗기거든. 그런데 반말을 들으면 존중하는 느낌이 들지 않잖아. 그래서 기분이 나빠지는 거지. 어느 정도 친밀감이 들어야 반말도 이물 없이 받아들일 수 있거든. 이렇게 말을 놓으면 상대도 기분이 좋아지고."

정확한 지적이다. 어느 정도 신뢰와 친밀감이 쌓여야 말도 놓을 수 있는 거고, 그러면 반말이 하나도 기분나쁘지 않다. 왕언니처럼.

"응. 우리 사이의 반말은 친근감의 표시잖아. 내가 존대말하면 아마 거리감 생길 걸."

맞다. 우리는 이미 친밀감이 쌓인 관계다. 그런데 이제와 왕언니가 존대말을 하면 어색하겠지.

"그래. 친밀감이 어느 정도 쌓인 다음에는 존대말이 어색하기도 하지. 그럴 때는 말을 놓아도 되는데 한 가지 중요한 것이 있어. 말은 놓되, 태도까지 놓아서는 안 돼."

"말은 놓되 태도는 놓지 말라고요?"

"응. 우리집에 오는 남자들 중에는 여전히 나를 깍듯하게 대하는 남자들이 있거든. 우리집을 드나든 지 10년이 지났는데도 변함이 없어. 그들이 가끔 반말을 하는데도 기분이 하나도 나쁘지 않은 건 어느 정도 친숙해진 것도 있지만, 태도까지 놓지 않았기 때문이야. 늘 예의바르거든. 그들이 정말 성공한 남자들이지. 상대를 존중하면 자기도 존중된다는 걸 알고 있거든."

그러니까 처음 보자마자 대뜸 반말하는 남자! 처음엔 조심하지만 한두 번 본 다음에 불쑥 말을 놓는 남자! 그런 남자들은 여자의 마음도 얻을 수 없을 뿐더러 성공하기도 어렵다는 말이구나. 반면 성공한 남자는 혀가 짧지 않을 뿐더러 태도도 짧지 않다. 세월이 지나도 늘 상대를 예의 바르게 대한다. 그렇게 상대를 존중하면 더불어 자신도 올라갈 수 있으니까. 그래! 좋았어! 이제부터 대뜸 반말하는 남자와는 상종하지 않으리라.

# 상대적으로는 NO 해도
# 절대적으로 NO 하지 않는다
## — 잘 거절하는 대화법

**김장철이면** 더욱 분주해지는 왕언니. 백화점 문화센터 강의가 줄줄이 잡혀 있다. 이번 주에는 우리 동네 근처 백화점에서 강의를 한다고 한다. 한번 가볼까나? 연락도 없이 가서 깜짝 놀라게 해볼까나? 주섬주섬 옷을 챙겨 입고 백화점으로 향했다.

강의 순서를 보니 왕언니는 두 번째다. 첫 번째는 쿠키 강의. 듣는 사람이 별로 없다. 대여섯 명 정도다. 보고 있자니 은근 걱정이 된다. 왕언니 강의도 저렇게 사람이 적으면 어쩌나 하고. 하지만 나의 기우일 뿐 강의가 시작되자마자 사람들이 하나 둘 몰리기 시작하더니 어느새 자리가 빼곡하니 차버렸다. 이게 바로 왕언니의 파워리라. 사람을 끌어들이는 매력을 가지고 있으니까.

앞자리에 앉아 있던 나는 슬며시 일어섰다. 왕언니의 강의를 듣고 싶어 하는 다른 이들을 위해서다. 뒤로 가려고 하는데 왕언니 그때서야 나를 알아봤나보다. 깜짝 놀라더니만 한쪽 눈을 감았다 뜬다. 아는 척 하고 싶지만 강의 중이라 말은 못하고 윙크를 날린 것이다. 나도 윙크로 답했다. 왕언니처럼 슬며시 감았다 뜨진 못하지만 내 방식대로. 이어 시원시원한 말투로 김치 담는 법을 요목조목 설명하는 왕언니. 미리 준비한 노트에 받아 적는 이가 있는가 하면, 옆 사람에게 종이를 빌려 받아 적는 이도 있다. 인기 있는 왕언니를 쳐다보고 있자니 나도 모르게 어깨가 으쓱 올라간다. 자랑스럽다. 왕언니를 알고 있다는 사실이.

강의를 마친 왕언니, 강의용으로 만든 김치를 수강생들에게 나눠준다. 옆에 서 있는 나에게 미소를 지어보이며 배춧잎에 속을 싸서 건네준다. 자상하기도 하지. 다른 사람들 챙기기에도 정신이 없을 텐데 언제나 그렇듯이 나를 잊지 않는다. 왕언니가 담근 김치 맛은 한마디로 끝내준다! 밥만 있으면 김치 한 포기에 저녁은 뚝딱.

짐 정리를 도와주고 있는데 누군가 왕언니를 찾는다. 백화점 직원이다. 반응이 너무 좋다며 다음 주에도 한 번 더 강의를 해줄 수 없느냐고 부탁한다. 어~ 다음 주에는 다른 백화점 강의가 있다고 했는데. 속으로 왕언니의 스케줄을 생각하는 나. 그런데 왕언니는 거절하지 않는다.

"제가 스케줄을 잘 몰라서요. 지금은 대답을 못 드리겠네요. 확인해보고 내일 연락드려도 될까요?"

"물론이죠. 확인해보시고 연락주세요. 이렇게 갑작스럽게 부탁드려서 죄송해요."

"아니에요. 오히려 제가 더 감사하죠. 확인해보고 내일 오전에 바로 연락드릴게요."

이상하다. 분명 다음 주에도 백화점 김치 강의가 꽉 차서 바쁘다고 했는데. 내가 잘못 알았나. 고개를 갸웃거리면서 나는 왕언니 곁으로 다가갔다. 입을 떼려고 하는데 왕언니 눈으로 저지시킨다. 그러고는 백화점 직원과 인사를 나눈다. 할 수 없이 나는 입을 다물고 있어야 했다.

나의 깜짝 방문은 효과 만점이었다. 왕언니, 예상도 못한 일이라고 한다. 너무 반갑고 기뻤다고. 그래서 한턱 쏘고 싶다고. 강의 때문에 피곤할 텐데도 막무가내다. 백화

점에서 나와 가까운 레스토랑으로 들어갔다. 겉보기에 괜찮아 보여서 들어갔는데 다행히 기대 이하는 아니다. 원목으로 된 모던한 인테리어에 사람도 북적이지 않고. 음식도 뒤처지지 않는다. 왕언니의 가게처럼 입에 딱 맞지는 않지만 그래도 맛이 있긴 있다. 갑자기 아까 일이 궁금해졌다.

"다음 주에 백화점 강의가 꽉 차 있다고 하지 않았어요?"

"김장철에는 정말 바빠. 몸이 하나로는 모자랄 것 같아."

어머~ 왕언니도 스케줄을 꿰고 있다. 내가 잘못 안 것이 아니었다. 그런데 아까는 왜 거절하지 않은 거죠. 나는 왕언니에게 따지듯이 물었다.

"거절에도 시간이 필요하고 수순이 필요한 거야."

"거절에도 시간과 수순이 필요하다고요?"

"응. 그 자리에서 당장 안 돼요 하고 거절하면 상대가 얼마나 무안하겠니? 그 사람도 나름대로 어렵게 부탁하는 것 같던데. 그리고 생각도 안 해보고 무조건 안 된다고 했다고 생각할 수도 있잖아."

그렇다. 당장 그 자리에서 '안 돼'라는 말을 들으면 생각하지도 않고 거절한다는 인상을 줄 수 있다.

"그래. 그래서 내가 스케줄을 확인해보고 연락한다고 한 거야. 어렵게 부탁하는 건데 다 듣지도 않고 미리 그건 안 되겠는 걸 하고 툭 내뱉으면 상대는 마음의 상처를 받거든. 사람에 따라서는 원한을 살 수도 있고. 그래서 말이야, 성공한 남자들은 No라는 말을 아무 때나 함부로 하지 않아. 상대적으로 No라고 말해도, 절대적으로 No라고 말하지 않아."

상대적인 No는 있어도 절대적인 No는 없다? 그게 무슨 차이가 있는 걸까.

"그러니까 그 자리에서 당장 안 돼 라는 식의 절대적인 No는 안 하는 거야. 내가 만난 성공한 남자들은 이렇게 말해. 담당자를 혹은 실무자를 통해서 알아보겠습니다 라든지, 지금은 답을 드리지 못하지만 진지하게 검토해보겠습니다 라고. 시간차 공격 알지?"

물론이다. 배구에서 수비수들이 예상한 스파이크 시간보다 빨리 또는 늦게 하는 공격 방법이다. 그런데 시간차 공격과 상대적인 No가 무슨 연관이 있는 거죠.

시간차 공격이 게임의 승리를 이끌 듯이 시간차 거절이 비즈니스 대화에서도 성공의 요인이 되거든.

시간차 거절이라. 점입가경이다. 내 머리로는 도저히 왕언니를 따라잡을 수가 없다. 이럴 땐 귀를 쫑긋 세우고 듣는 수밖에.

"잘 들어봐. 시간차 거절이란 잠시 시간을 두고 거절하는 걸 말하는 거야. 잠시 시간을 두고 거절하는 경우와 즉석에서 거절하는 경우, 차이가 클 것 같아? 작을 것 같아?"

"당연히 크겠죠. 받아들이는 강도가 다른데요."

"그래. 잠시 시간을 두고 거절하면 상대는 당연한 것으로 생각해. 심지어는 부탁한 것이 오히려 미안하다는 생각이 들기도 하지. 이런 경우에는 상대의 마음까지 덤으로 얻을 수 있거든. 하지만 즉석에서 거절한다고 생각해봐. 상대의 기분이 어떻겠니?"

그야 당연히 나쁘리라. 아까 말한 대로 생각해 보지도 않고 거절한다고 생각할 것 같다.

"응, 제대로 알아보지도 않고 마음대로 결정한다고 원망하기도 하고, 경우에 따라서 심한 모멸감을 느끼기도 하거든. 그래서 성공한 남자들은 거절할 때도 잠시 시간을 두고 거절해. 이게 바로 상대적인 No야. 절대적인 No는 바로 그 자리에서 거절하는 거구."

옳거니! 아닌 것을 즉각 아니라고 답하지 않는다. 이보다는 약간의 시간차를 두고 정중하게 거절하는 것이 좋다는 말이구나. 그러면 상대도 원망보다는 미안함을 느끼게 될 테고. 이게 바로 성공한 남자가 거절하는 방법이다. 아까 왕언니가 했던 것처럼. 당장 그 자리에서 No라고 말하는 남자는 No다. 상대적으로 No라고 말하는 남자가 Yes다.

# 첫 만남에서 이름을 기억한다
## — 이름 기억 대화법

처음에는 낯설던 왕언니의 가게. 숫기가 없어서 그런지 낯을 가려서 그런지 처음 보는 사람과는 말을 잘 섞지 않는다. 그러다보니 사람들과 친해지는 데 시간이 오래 걸린다. 하지만 적응 속도는 무척 빠르다. 그래서일까. 이제는 왕언니의 가게를 내집 드나들듯 편안한 마음으로 방문한다. 직원들과도 눈인사를 하고 이야기도 나눈다. 왕언니를 기다리는 짧은 동안이긴 하지만.

참새는 방앗간을 그냥 지나치지 않는다고 했던가. 나 역시 그렇다. 강남에 나오면 반드시 왕언니의 가게를 찾는다. 잠깐이라도 왕언니의 얼굴을 보려고. 공사다망한 왕언니, 항시 가게에만 있지 않다. 동분서주 바쁘다. 때문에 왕언니를 보고 싶다는 마음에 불쑥 찾아가서는 안 된다. 미리 전화를 걸어야 한다.

한 번은 이런 일이 있었다. 있으면 잠시 보고 없으면 그냥 가고, 이런 마음으로 왕언니의 가게를 방문한 적이 있었다. 아니나 다를까. 바쁜 왕언니, 볼일 보러 나가고 자리를 비웠다. 그래서 발걸음을 되돌려 그냥 집으로 왔다. 그날 밤 왕언니에게서 전화가 걸려왔다. 미안하다고. 아니 연락도 없이 찾아간 내가 미안해할 일인데 도리어 미안해하는 왕언니. 내가 왔다가 그냥 간 게 맘에 걸렸나보다. 아니에요. 제가 미안한 걸요. 그럴 필요 없다고 해도 괜스레 미안하다는 왕언니. 타고난 성격인가보다. 사람을 좋아하는, 사람을 배려하는.

그래서 난 항시 전화를 한다. 그날도 그랬다. 강남에 나온 김에 잠깐 들러도 되냐고 전화를 했다. 왕언니, 그러라고 흔쾌히 승낙했다. 다만 지금 밖이라 조금 기다려야 할지 모른다면서 말이다. 난 괜찮다며 왕언니의 가게로 갔다. 왕언니를 기다리는 동안 여느 때와 마찬가지로 직원들과 이야기를 나누고 있는데 한 아가씨가 문을 열고 들어왔다. 낯선 얼굴이다. 새로운 직원인가보다. 가볍게 목례를 하고 내 옆으로 다가와 다소곳이 앉는다. 그 아가씨의 뒤를 이어 잠시 후 왕언니가 들어왔다. 특유의 멘트를 날리며 반갑게 인사한다.

"많이 기다렸지? 어~ 지영이도 왔네."

지영이? 아! 새로운 여직원 이름이 지영이구나. 지난번에 왔을 때는 없었는데…….

"응. 어제 새로 온 친구야."

아니, 어제 왔는데 벌써 이름을 외웠단 말이에요?

"사실 나도 이름을 잘 못 외워. 하지만 노력해서 안 되는 게 있겠니? 기억보다 강한 게 바로 기록이잖아. 어제 만나고 쪽지에 이름을 메모해두었지. 그리고 집에 가서 몇 번을 불러봤어. 그러니까 자연스레 외워지던 걸."

이야! 그렇게 해서 이름을 외우는군요. 그런데 차차 외우면 되지 않나. 하룻밤 사이에 이름을 외워야만 하는 특별한 이유가 있는 걸까.

"상대의 이름을 기억하고 있으면 대화하기가 쉽거든. 모든 대화의 시작이 뭔지 알아?"

"대화의 시작이라고요. 그건 당연히 말 아닌가요?"

"대화의 시작은 이름이야. ○○야 뭐해? ○○야 밥 먹자. 이렇게 시작하잖아."

그러고 보니 그렇다. 이름을 부르는 것으로 대화가 시작된다. 너무 익숙해서 인식하지 못했던 것일까.

"그럴 수도 있지. 상대의 이름을 기억하고 불러주는 것에서 바로 대화가 시작되는 거야. 이름을 부르면 막혔던 대화의 물꼬가 터지거든. 왜 누군가 내 이름을 기억하고 불러줄 때면 기분도 좋고 고맙다는 생각이 들지 않아?"

"맞아요. 이름을 불러주면 기분이 절로 좋아지는 것 같아요."

"그래. 그래서 이름을 기억하는 것이 중요한 거야. 특히 비즈니스 대화에서는 상대 파트너의 이름을 기억하고 있으면 이미 비즈니스의 반은 성공한 것과 다름없거든. 성공한 남자들을 만나보면 말이야 이름만 외우고 있는 것이 아냐. 상대의 직위까지 외우고 있는 경우가 많아."

이름 외우는 것도 어려운 일인데 직위까지 외우고 있다니. 역시 성공한 남자들은 다르구나.

"많이 다르지. 어쩜 그게 그들을 성공하게 만드는 원동력인지도 모르지. 사실 한 회사의 사장이나 전무, 상사 한

두 명 정도라면 외우는 것이 그리 어렵진 않잖아. 하지만 부장, 과장, 대리 식으로 밑으로 내려갈수록 사람이 많아지잖아. 그러면 외우는 게 버겁거든."

"그렇죠. 아무래도 아래로 내려올수록 사람이 많아지잖아요. 그럼 외우는 것이 그리 만만한 일이 아닐 것 같은데요."

"응. 그럼에도 불구하고 성공한 기업의 CEO들을 보면, 모든 종사자들의 이름이나 가족 사항 더불어 세세한 가정사까지 달달 외우고 있어. 사람들은 이런 사소한 것에서 감동을 받거든. 반면에 성공하지 못한 남자들은 어떤지 알아?"

"이름을 외우지 못한다? 맞나요?"

"빙고! 이름을 외우지 못하는 것은 물론이고, 저기요~ 여기요~ 같은 불분명한 호칭으로 불러. 몇 번 만남을 가졌음에도 불구하고 이름을 외우지 못하는 사람들도 있어. 비즈니스에서는 이런 식으로 절대로 성공할 수 없는데도 말이야."

그럴 것 같다. 상대의 이름조차 외우지 못 하는 사람과 무슨 비즈니스를 해나갈 수 있겠는가. 하지만 선천적으로 이름을 잘 외우지 못하는 사람들도 있다. 왕언니도 그렇다고 했던 것 같은데…….

"물론 그런 사람들이 있지. 내가 아까 뭐라고 했는지 기억나? 기억보다 강한 게 뭐라고 했는지."

"기억보다 강한 것? 아하! 기록이요?"

"맞아. 기록! 기억력이 나쁜 사람은 기록으로 커버하는 거야. 그래서 어떤 분은 명함을 주고받으면 집이나 사무실에 와서 명함을 몇 번씩 다시 꺼내 본대. 그렇게 수십 번씩 보면서 오늘 만났던 사람의 얼굴을 떠올리고 이름을 되뇌어 본대. 아까 내가 지영이 이름을 외운 것도 그분한테서 힌트를 얻은 거야. 또 다른 분은 명함에 날짜와 대화 내용, 인상착의, 옷차림과 같은 특징을 빼곡하게 적어 놓는대. 안 되는 것은 없어. 안 하는 것뿐이지."

그렇다. 상대의 이름을 기억할 수는 없어도 기록할 수는 있겠다. 문제는 기억이 아니라 '기록'이다. 기록조차 하지 않고서 이름을 기억하지 못한다고 하는 것은 핑계다. 상대의 이름을 기억하는 남자, 또는 기억하려고 기록하는 남자를 만나야 하는구나. 두세 번을 만났음에도 불구하고 이름을 물어보는 남자는 만날 필요도 없을 것 같다. 아무런 노력도 안 하는 남자일 테니까.

# 대화는 말랑하게, 의사는 확실하게
## – 청중을 사로잡는 대화법

일을 할 때 보면 저마다의 독특한 습관이 있다. 나는 그리 독특하지 않다. 일이 잘 안 풀리면 음악을 틀어놓는다. 다름 아닌 헨델의 콘체르토 그로시를. 정확히 말하면 Concerti Grossi, OP.6이다. 지금도 헨델의 음악이 흐르고 있다. 그렇게 강렬하지도 늘어지지도 않는다. 바이올린 연주가 경쾌하다. 일에 집중할 수 있도록 적절한 활기를 준다. 하이 톤의 음악은 신경에 거슬리고, 로우 톤의 음악은 기분을 울적하게 한다. 하지만 헨델의 음악은 그렇지 않다. 그래서일까? 공부할 때 편하게 듣는 음악 중의 하나로도 손꼽힌다고.

노래도 그렇다. 소프라노나 테너의 음악보다는 알토나 바리톤의 음악이 끌린다. 중저음의 목소리가 들으면 들을수록 매력이 있다. 오랜 시간을 들어도 시끄럽지 않고 피곤하지 않기 때문이다. 그런데 왕언니는 어떤 음악을 좋아할까.

"난 소프라노나 테너의 음악을 좋아해! 왠지 기분이 업 되거든."

왕언니와 나의 음악 취향은 다른가보다.

"근데 대화할 때는 달라. 그때는 알토나 바리톤의 목소리가 좋지."

아! 음악을 듣는 취향과 대화를 듣는 취향이 다르구나.

"응. 중저음의 목소리는 듣는 사람의 귀를 즐겁게 만들거든. 귀에 거슬리지도 않고 네가 듣는 음악처럼 오랜 시간 들어도 질리지 않아."

맞다. 알토나 바리톤 음악이 좋은 이유는 질리지 않기 때문이다. 오히려 들으면 들을수록 끌린다.

"맞아. 그런 대화가 가장 좋은 대화지. 그래서일까 성공한 남자들의 대화를 들으면 조곤조곤 대화를 나누는 것이 얼마나 감미로운지 마치 음악을 듣는 것 같아."

"성공한 남자들의 대화는 음악을 듣는 것 같다고요?"

"응. 성공적인 비즈니스 대화에서는 목소리 큰 게 장땡이 아니거든. 눌변일지라도 상대에게 자신의 의견을 정확하게 표현하는 것이 중요해. 그래서 비즈니스 고수들은 목소리로 청중을 압도하려고 하지 않아. 하수들만 그런다니까. 목소리만 키우면 만사 오케이인줄 알고……."

"그렇긴 하지만 일단 목소리가 크면 상대를 주목시키는 효과는 있잖아요. 그런데도 하수라고요?"

"응, 그뿐이지. 그 이상은 없어. 중요한 것은 내용이지 목소리가 아니잖아. 왜 빈 수레가 요란하다는 말처럼, 내용은 없으면서 목소리만 높여서 시끄러운 경우가 많거든."

아! 목소리만 키울 뿐 빈 수레처럼 내용은 없단 말이군요. 그럼 비스니스 고수들은 어떻게 하죠. 하수들의 이야기보다 고수들의 이야기가 더 궁금하다.

"이기고 지는 것은 목소리 크기가 좌우하는 것이 아니잖아. 그래서 성공한 남자들은 목소리 크기로 상대를 제압하려고 하지 않아. 중구난방이나 난상토론을 할 때 보면, 성공한 사람인지 아닌지 한눈에 알 수 있어."

"아니~ 그렇게 시끄러운 자리에서 어떻게 성공한 남자

인지 아닌지를 분별할 수가 있죠? 정신을 차리기도, 대화
에 집중하기도 어려울 것 같은데요?”

“보통은 다른 사람의 시선을 모으기 위해서 큰 소리를
내거든. 더구나 목소리를 높이기 위해 얼굴까지 붉히면서.
그런데 성공한 남자들은 정반대야. 빙그레 웃으면서 낮
지만 힘찬 목소리로 대화를 시작해. 어떻게 하는지 흉
내내볼게, 흠흠.”

목소리를 가다듬는 왕언니. 성대모사를 하려나보다.

“그런데 내 생각은…….”

우아~ 낮게 깔리는 목소리. 힘차다. 귀에 쏙 들어온다.

“그렇지? 이렇게 대화를 꺼내면 사람들이 하는 이야기
를 뚝 그치고 다 그 사람을 쳐다봐. 강하게 내뱉는 목소리
는 아니지만 낮지만 힘찬 목소리로 상대를 제압하는 거지.
여기서 중요한 게 하나 더 있어. 이렇게 얘기를 시작하면
서 자기의 주장을 바로 펴질 않아. 먼저 모든 사람이 공
감할 수 있는 이야기를 꺼내는 거야. 느릿느릿 조금은
답답하고 투박할지라도, 일방적인 대화가 아니라 쌍방향
커뮤니케이션을 하는 거야. 그러면 듣는 사람들은 귀를 활
짝 열어놓거든. 이쯤 되면 자연스럽게 자신의 주장이나 성

공적인 비즈니스 이야기로 이동하는 거야. 100점은 아니지만 아마도 90점 이상은 될 거야."

그렇겠네요. 나지막한 목소리로 먼저 상대의 귀를 사로잡고, 다음에 서서히 자신의 이야기를 꺼내놓으니 비즈니스의 성공에 가깝겠죠. 우리가 잘 알고 있는 '목소리가 큰 사람이 이긴다'는 생각을 버려야겠다. 성공한 남자들은 중요한 순간에 도리어 조곤조곤 공감대를 형성할 수 있는 대화를 전개하니까 말이다.

상대의 기를 죽이고 자신의 주장을 펼치는 남자는 아니다. 그보다는 부드럽게 대화를 이끌어가는 남자가 성공할 수 있다. 알토나 바리톤의 톤으로. 그러면 이런 노래를 계속 들으면 그런 톤의 남자를 찾는 데 도움이 될까? 감을 익힐 수 있을 것도 같다. 익숙해진다면.

# 18번은 그때그때 다르다
## — 풍성한 대화법

오늘은 왕언니 가게의 회식. 왕언니의 초대로 나도 동석했다. 그동안 직원들과 조금은 친해진 터라 좀더 친목을 다져볼 수 있을 것 같았다. 아니다. 사실은 나의 숨은 의도는 따로 있었다. 회식 후 노래방에 갈 거라는 왕언니의 말에 솔깃했다. 멋들어진 왕언니의 노래를 다시 들을 수 있는 절호의 기회를 놓치고 싶지 않았던 것이다. 왕언니의 말이 나오자마자 시간을 빼놓았다. 달력에 동그라미까지 쳐놓고.

회식이라 하기에 전 직원들이 다 모이는 줄 알았는데 소수정예 멤버만 모였다. 왕언니와 부사장 그리고 지배인. 너무 많으면 내가 부담스러울까봐 일부러 그랬다고 한다. 역시나 왕언니는 나의 마음을 너무 잘 안다니까. 나는 서너 명의 조촐한 모임을 좋아한다. 인원이 너무 많으면 대화에 집중하기가 어렵다. 이쪽 편 이야기를 듣다가 저쪽 편 이야기를 들어야 하기 때문에 수박 겉핥기 식인 경우가 많다. 상대를 자세히 알기는 더욱 힘들다. 그래서 소수 멤버가 모이는 자리는 즐겨 참석하지만 대규모 모임은 피하는 편이다. 오늘 회식 모임, 마음에 든다. 딱 내 스타일이다.

초지일관. 넷이서 화기애애한 분위기로 식사를 마쳤다. 드디어 내가 고대하던 노래방 타임. 넷이서 번갈아가면서 노래를 부르는데 왕언니의 선곡은 상상초월이다. 나의 예상을 완전히 뒤엎었다. 사실 지난 번 노래방에서 들었던 노래를 다시 들을 수 있을 거라 생각했다. 하지만 왕언니, 지난번에 불렀던 노래를 한 곡도 부르지 않는다. 물론 노래 솜씨는 변함이 없다. 완전 새로운 레퍼토리로 나를 또다시 기절시켰다. 어떻게 이렇게 다양한 노래를 알까. 왕언니의 18번은 뭘까?

앗싸! 오늘은 목소리 조절에 성공. 지난번처럼 목소리가 갈라지지 않았다. 예나 지금이나 왕언니는 아무렇지도 않다. 마치 노래방에 갔다 오지 않은 것 같다. 그래도 내일 아침이 되면 목이 아플지 모르니 목을 축이고 가자고 한다. 체력도 좋다. 근처 카페로 앞장서서 들어가는 왕언니. 당연히 나도 따라갔다. 커피를 한 모금 마시고 왕언니의 18번이 무엇이냐고 넌지시 물어봤다.

"내 18번. 그건 수시로 바뀌는데."

18번이 수시로 바뀐다고요? 그게 어디 18번인가요?

"내가 좋아하는 노래보다는 상대가 좋아하는 노래를 부르거든. 그러니까 트로트를 좋아하는 사람에게는 트로트를, 팝송을 좋아하는 사람에게는 팝송을, 그때마다 18번이 바뀌지."

"아! 언니만의 18번이 있긴 하지만 상대에 따라서 18번이 달라진다는 말이군요?"

"그래. 매번 똑같은 노래만 부르면 재미없잖아. 듣는 사람도 지겨울 테고."

정말 똑같은 노래를 되풀이해서 부르는 사람은 지루하다. 제목만 보고도 마음속으로 '또 그 노래야, 정말 지겨워!' 하는 불평이 나도 모르게 새어 나온다.

"응. 레퍼토리가 다양하면 부르는 사람도 듣는 사람도

모두 즐겁잖아. 비즈니스도 그렇고."

"비즈니스도 그렇다니요? 그건 무슨 말이죠. 비즈니스
에서도 같은 노래만 되풀이해서는 안 된다는 말인가요?"

"그래! 좋아하는 노래가 나오면 절로 귀가 열리고 어느
새 흥얼흥얼 따라 부르게 되잖아. 이런 식으로 상대와 공
감대를 형성하면 마음과 마음의 거리는 좁혀지고, 비즈니
스는 마침내 성공의 계기를 마련하게 되거든. 그래서 말이
야, 성공한 남자들은 비즈니스 상대를 만날 때 아무 생각
없이 그냥 나오지 않아. 약속 전에 오늘 만날 사람을 연
구하고 상대에 따라서 다양한 이야깃거리를 준비해.
비즈니스는 준비한 만큼 결과가 나오거든."

어떤 일이든 자기가 얼마나 준비했느냐에 따라 결과가
다르다. 그건 두말하면 잔소리. 당연한 이치다.

"그렇지. 그래서 상대가 듣고 싶지 않은, 전혀 관심이 없
는 이야기로 혼자서 말하지 않아. 대신에 다양한 레퍼토리
를 준비해. 대화를 풍성하게 만들 수 있는 이야깃거리로."

아하! 이제야 알겠다. 성공한 남자들은 18번만 부르지
않는다. 상대가 지겹지 않도록 말이다. 다양한 레퍼토리로
상대의 귀를 즐겁게 하고 마음을 열게 만든다. 성공한 남

자를 찾으려면 노래방도 한번 가봐야겠다. 같은 노래를 부르는지, 다른 노래를 번갈아가며 부르는지, 노래 부르는 걸 보면 대화하는 것도 어느 정도 감을 잡을 수 있을 테니까. 성공한 남자를 만나려면 다양한 방식으로 시험해봐야겠다. 그러면 좀더 쉽게 찾을 수 있으리라.

# 대화에 대해 미처 다 풀지 못한 수다, 이것만은 …

## 🎎 대화가 어색할 때 부드럽게 유머를 구사할 줄 안다

웃음은 전염성이 강하다. 왕언니가 웃으면 나도 따라 웃고, 내가 웃으면 왕언니가 따라 웃는다. 그렇게 우리는 별것 아닌 일에도 웃는다. 왜냐고? 행복해서 웃는 것이 아니라 웃으면 행복해지니까. 그래서일까, 왕언니는 재미있는 이야기를 들으면 "이 얘기 들어봤어?" 하면서 전해준다. 왕언니 왈, 성공한 남자들도 그렇단다. 왕언니가 들려준 말을 그대로 옮겨본다.

성공한 남자들 중에는 유머가 넘치는 사람들이 대다수다. 그들의 유머는 소설처럼 재미있고 실화처럼 생생하다. 좌중을 압도하고 박장대소하게 만든다. 어찌나 실감나는지 마지막에야 유머인지 알 때도 많다. 물론 이들이 모두 처음부터 유머를 잘 구사할 줄 알았던 건 아니다.

어떤 분은 재미있는 이야기가 있으면 밤새 메모해서 달달 외우기도 하고, 어떤 분은 심지어 각색하는 수고도 아끼지 않는다. 왜냐면 대화에서 어색하면 그만큼 비즈니스도 지지부진해지기 때문이다. 그런 자리에서는 썰렁하더라도 유머를 구사하여 반전을 기대할 수 있다. 어색함이 눈 녹듯 자취를 감추고 상대방의 마음에 단단히 걸린 빗장을 열 수 있다. 그래서 그들은 나름대로 유머를 구사한다. 더구나 유머를 잘 구사하면 어느새 사람들이 하나 둘씩 주변에 모이기 시작한다. 비즈니스에서 이런 현상은 약이면 약이지 독이 될 수 없다.

그러나 약도 남용하면 독이 될 수 있는 것처럼 유머도 함부로 구사해서는 안 된다. 지켜야 할 법칙이 있다. 상대를 비난하거나 무안을 주는 유머는 절대 약이 될 수 없다. 또 지나친 유머는 도리어 더 어색해지고 무익해질 수 있다. 그래서 성공한 남자들은 절대 상대를 비난한다든지 무안을 준다든지 하는 도가 지나친 유머를 사용하지 않는다. 어색할 때 부드럽게 구사할 뿐이다. 대화가 어색할 때 윤활유처럼 유머를 구사한다.

차갑다든가 딱딱한 남자가 아니라 대화를 나눌 때 적절히 유머를 구사할 줄 아는 남자라. 그럼 개그맨 같은 남자를 만나면 되는 걸까. 관객을 웃게 만드는 데에 그들을 따라올 만한 자는 없을 테니까.

## 말 끄는 남자는 언제나 종,
### 말 타는 남자는 언제든지 상전

박학다식한 왕언니가 묻는다. 조선 중기의 시인이자 독서광讀書狂으로도 유명한 《백이전》의 주인공 김득신을 아느냐고. 이름은 들어본 것 같다. 그러자 두 눈을 반짝이면서 김득신과 관련된 일화를 들려주었다.

어느 날, 김득신이 말을 타고 하인과 함께 어느 집 담을 지나다가 글 읽는 소리가 들려서 말을 멈추고 한참 동안을 듣고 있었다. 그러더니 이렇게 말했다. "아주 익숙한 글인데, 무슨 글인지 생각이 잘 안 나는구나"라고. 그랬더니 듣고 있던 하인이 올려보며 "부학자 재적극박 어쩌고저쩌고는 나으리가 평생 매일 읽으신 것이니 쇤네도 알겠습니다요, 나으리가 모르신단 말씀이십니까?"라고 답했다. 그제야 김득신은 자신이 1억 1만 3000번 읽었던 《백이전》인 것을 알았다고 했다. 하인도 지겹게 들어 줄줄 외웠던 모양이다.

하지만 종은 어디까지나 하인일 뿐이다. 왜냐하면 말을 끄는 신세에서 벗어날 수 없으니까 말이다. 대신에 김득신은 조금은 멍청할 정도로 머리가 아둔해도 말 타는 상전인 것은 분명하다. 그래서 하는 말이 말馬 끄는 남자는 언제나 종일 뿐이지만 말馬 타는 남자는 언제든지 상전이 된다는 것이다.

이것은 대화법에서도 역시 그대로 통한다. 말言을 끄는 남자는 언제나 종이다. 하지만 말言을 타는 남자는 언제든지 상전이 된다. 말을 할 때 잘 들어보면, 버릇인지 일부러 그러는지 말을 질질 끄는 남자가 있다. 말머리를 질질 끌기도 하고, 말끝을 질질 끌기도 한다. 어떤 유형이건 쉽게 하면 될 말을 빙빙 돌리거나 늘어뜨려 말하는 것은 똑같다. 이들은 말에 얽매여 그에 움직이는 사람이 되어버린 것이다.

반면 성공한 남자들은 말의 상전이 되어 말을 자유자재로 구사한다. 말에 얽매이질 않는다. 말은 의사 표현을 위한 형식에 불과하다는 것을 알고 있는 것이다. 자신이 전달하고자 하는 것을 말에 실어서 상대방에게 보낼 뿐이다. 그러니까 상대방이 듣고 싶어 하는 핵심 사항을 일목요연하게 정리해서 말할 줄 안다.

더구나 말言을 타는 상전은 말을 잘 할 뿐 아니라 이야깃거리도 풍성하다. 한 가지 소재가 아니라 여러 가지 소재로 이야기를 주도해나간다. 사람들의 관심이 떨어지는 것 같은 분위기면 또 다른 신선하고 새로운 화제를 꺼낸다. 지속적으로 다른 사람들의 관심을 유도하는 것이다. 그래서 말을 타는 남자가 된다면 언제든지 상전, 비즈니스에 있어서도 성공하는 남자가 될 수 있다.

옳거니! 성공한 남자들은 말에 질질 끌려 다니거나 끌지도 않는다는 말이군요. 오히려 말 위에 타서 말을 부린다고 할 수 있겠네요. 또한 때와 장소, 상대에 따라 번갈아가면서 말을 사용하는군요. 지치지 않고 자신이 원하는 목적지까지 나아가기 위해서요.

그러니까 말을 끄는 남자가 아니라 말을 타는 남자를 찾아야 하리라. 상전이 될 수 있는 성공할 수 있는 남자를 원한다면 말이다.

## 성공한 남자들의 대화는 T.P.O에 능수능란하다

편안한 장소가 대화를 잘 풀리게 만든다. 그래서일까. 왕언니의 가게 전화는 연신 불이 난다. 수시로 예약을 신청하고 예약을 확인하려는 전화 말이다. 이런 점에 있어서도 성공한 남자들은 다른가보다. 나의 생각을 뒷받침해주듯 왕언니는 설명한다. 성공한 남자들의 비즈니스 수순에 대해서.

뭐든 비즈니스에 성공하려면 삼박자가 갖춰져야 한다. 삼박자란 다름 아닌 시간, 장소, 상황을 말한다. 영어로 얘기하면 Time, Place, Occasion. 줄여서 'T · P · O'라고 한다. 성공한 남자들은 약속을 정할 때 상대의 시계 바늘에 맞춘다. 상대를 배려하기 위해서다. 예컨대, "언제 만나는 것이 편하시죠?"라든지 "그 시간에 찾아뵈어도 괜찮으시겠어요?"라고 물어본다. 그리고 약속 장소를 정할 때도 마찬가지다. "어디로 갈까요? 편하신 곳으로 정하시죠"라든가 "저는 아무 곳이나 상관없습니다"라고 말이다. 이렇게 상대가 대화하기 편한 장소를 정하도록 만든다.

간혹 내가 장소를 정해야 하는 경우에는 시간과 장소를 동시에 고려한다. 누구에게도 방해받지 않고 담소를 나눌 수 있는 장소를 섭외하는 것은 기본이다. 또 상대가 이동하는 시간도 감안해서 정한다. 나만 편한 곳이나 편한 시간으로만 정해서는 비즈니스가 술술술 풀리지 않기 때문이다. 그 다음은 메뉴, 가격, 분위기 등 최적의 비즈니스 기회를 창출할 만한지 혹은 제대로 예약은 이뤄졌는지 체크해본다.

이렇게 시간과 장소를 정했으면 이제 최종 단계가 남

는다. 다름 아닌 실전이다. 비즈니스 대화를 성공적으로 이끌기 위해서는 무엇보다 실전에 강해야 된다. 때문에 현장(약속장소)에 나가서 상황을 미리 살피는 경우가 많다. 왕언니가 지금까지 만나본 성공한 남자들은 항상 상대보다 먼저 도착해 있었다. 그러고는 준비가 잘 되었는지를 체크하고 부족한 부분이나 빠트린 점은 없는지도 확인하려 한다.

상대가 도착하면 방금 도착한 것처럼 행동한다. 상대가 무안해하거나 미안해하지 않도록 하기 위해서다. 예컨대, 일찍 도착해 앉아 있어도 양복 겉옷을 옷걸이에 걸어놓는 법이 없다. 또 손님을 맞이하는 위치도 고민한다. 출입문을 향해서 앉는다. 이쯤 되면 대접을 극진하게 받는다는 느낌에 상대는 기분이 좋아진다. 더구나 귀가까지 배려해서 30분 전에 대리운전이나 모범택시까지 대기시켜 놓는다. 이러면 상대가 감동하지 않을 수 없다.

성공은 작은 부분을 챙기는 데서 결정된다. 그런데 작은 부분도 놓치지 않으니 감동과 더불어 좋은 결과를 만들어낸다. 대개 사소함이 실수로 이어진다. 그러면 치명적인 결과가 초래된다. 때문에 성공한 남자들은 T.P.O에 능수능란하다. 사전에 실수를 방지하기 위해서 말이다.

## 말할 때 세 번 생각하여 품격 있는 대화를 한다

왕언니는 말에도 품격이 있다고 주장한다. 말들은 입 口을 통해서 세상 밖으로 나오지만 같은 입을 통해서 나온 말이라도 다르고, 얼마나 생각했느냐에 따라 격이 달라진다고. 그래서 세 번 이상은 생각하고 말하라는 뜻에서 나온 한자가 품品이 아닐까 라고 말한다. 그러면 어느새 말하는 사람에게서는 품격品格이 생겨나니까.

단 한 번의 말실수로 적을 만들고, 비즈니스를 엉망으로 망칠 수 있다. 종종 큰 계약도 이 때문에 이뤄지지 않는다. 그로 인해서 계약이 불발된다. 종종 이것 때문에 기업은 생사의 기로에 서게 된다.

한 번 뱉은 말은 다시 주워 담을 수 없다. 아무런 생각 없이 내뱉은 말은 쓸 데가 없다. 깨어진 유리조각과 같다. 깨진 유리창은 원래 모습으로 다시 복원할 수 없다. 그러다가는 손만 베인다. 상대는 물론이고 나도 상처받거나 아프다. 특히 마음의 상처는 쉽게 아물지 않는다. 무심코 한 말실수가 상대에게는 비수가 된다. 실수를 인정하고 사과한다고 해도 원래로 회복되기에는 이미 늦었거나 어렵다. 타임오버는 이를 두고서 하는 말이다.

생각을 거듭하다 보면 더 좋은 수(생각)가 나오는 것

이다. 한두 번 생각해서는 좋은 수가 아닐 것이다. 세 번 쯤은 생각해서 말해야 말의 가치가 품品으로 전환되듯 생각도 자꾸 깎고 다듬을수록 보석처럼 빛난다. 그래서 일까. 성공한 남자들은 생각도 한두 번에 그치지 않는다. 반드시 세 번 이상은 생각한 후에 말하기 때문에 그에게서 품격이 느껴지는 것이다. 생각은 언제나 미래지향적이고 진취적이다. 그리고 현장에서는 전략적으로 의사결정에 임한다. 이거다 싶은 게 있으면 망설이지 않고 집행과 관리에 뛰어든다.

그러니까 성공한 남자들은 한 번 생각하고 툭 내뱉지 않는군요. 한 번, 두 번, 세 번……. 찬찬히 생각하고 말하는 남자. 그런 품격 있는 말을 하는 남자가 성공한 남자에 한발 더 가까이 다가가 있는 셈이네요. 그럼 다소 느릴지라도 장고를 거듭한 후에 말하는 남자를 만나야 할 것 같다.

# 그녀와 그가 만난 또 다른 성공한 남자들

그녀가 만난 성공한 남자들 중에는 뚱뚱한 사람들이 많았다.

하지만 그들에게선 뚱뚱함이 전혀 느껴지지 않았고,

오히려 장점으로 비쳤다고 한다. 이유는 간단했다.

자신에게 맞는 자신만의 스타일을 찾아냈기 때문이다.

그 순간 뚱뚱하다는 콤플렉스를 버린 것이다.

이것이 바로 자신을 가꿀 줄 아는 센스라고 한다.

# 페어플레이를 한다

**그녀는** 인터뷰 대상자 중에서 왕언니 다음으로 나이가 많다. 올해 47세. 왕언니만큼이나 만만치 않은 나이다. 직업은 애니메이션 감독이고 사장이다. 몇 년 전까지만 해도 애니메이션 감독으로만 일했다. 그러다가 작년에 직접 회사를 차렸다. 그간의 노하우를 바탕으로 애니메이션 업계에 사장으로서 출사표를 던진 것이다.

창업한 지 1년. 짧은 기간이긴 하지만 창업 후 그녀는 변했다. 이제는 당당한 비즈니스 우먼이다. 그녀 역시 말한다. 사람을 대하는 태도도, 일을 대하는 태도도 이전과는 달라졌다고. 사업차 만났던 다양한 부류의 사람들을 통

해서 성공과 실패의 차이도 배웠다고 한다.

그녀가 만난 성공한 남자들은 어떤 점이 다를까? 그녀의 대답은 단순 명쾌했다. '성공한 남자들은 페어플레이를 한다'는 것이다. 물론 페어플레이를 한다고 욕심이 없는 것은 아니다. 하지만 상대가 의식할 정도로 경쟁적이지 않다는 것이다. 너무 경쟁적이면 상대가 견제하기 마련이며, 같이 일하고자 하는 마음이 들지 않기 때문이다.

똑같은 일이 있다고 가정해보자. 이때 상대가 뭔가를 뺏으려고 하면 본인도 치열해진다. 하지만 페어플레이를 하는 경우에는 다르다. 상대가 이 정도 선에서 같이 일했으면 좋겠다는 여지를 보이면 본인도 잘하려고 노력하게 된다. 이러한 차이가 일의 결과로 이어지는 것은 물론이다.

대개 페어플레이를 한 경우에는 일의 결과 역시 만족할 만하다. 설령 좋지 않은 결과가 나오더라도 다음에 잘 해보자는 의지를 다지게 된다. 즉, 페어플레이는 일의 결과뿐 아니라 다음 기회에도 영향을 미치는 것이다. 페어플레이를 한 파트너는 다음에도 같이 일할 파트너로 리스트에 남는다. 하지만 그렇지 않은 파트너는 다음을 도모하지 않는다. 한 번만 일하고 마는 것이다.

물론 페어플레이를 한 회사들만 성공한 것은 아니다. 그렇지 않았음에도 불구하고 성공한 회사들도 있다. 그런데 이들은 어느 시점까지는 갈 수 있어도 평균적으로 오래 가지 않는다는 것이 문제다. 특히 실패했을 경우에는 심각하다. 재기가 불가능하기 때문이다. 도와주는 사람이 없기 때문이다. 즉, 페어플레이를 하지 않은 사람은 한 번 성공은 할 수 있어도 한 번 실패하면 재기하기가 어렵다. 뿌린 만큼 거두는 것이리라.

그래서 그녀가 내린 결론은 '성공한 남자들은 페어플레이를 한다'는 것이다. 자신만의 이익을 도모하는 것이 아니라 상대의 이익도 같이 도모한다. 공명정대하게 일한다. 이런 남자들과 일하면 즐거울 뿐 아니라 본인도 성공할 확률이 크다고 말한다. 그야말로 윈윈win-win 전략이라는 것을 잘 알고 있는 것이다.

# 둘<br>위기 상황을 관리한다

그녀는 경영 컨설턴트다. 나이는 44세. 대학을 졸업하자마자 직장생활을 시작했다. 결혼을 하고, 아이를 낳고도 직장을 그만두지 않았다. 이제 직장생활 경력도 어언 20년이 다 되어간다. 그동안 직장 상사를 비롯해, 경영 컨설턴트로서 다양한 직종에 종사하는 남자들을 만났다. 그래서일까. 그녀도 성공한 남자를 알아보는 안목을 가지고 있다. 나의 질문에 그녀는 고개를 갸웃거리며 한참동안 생각하더니만 이렇게 대답했다. "위기를 피해가는 남자는 성공하지 못해요. 하지만 위기를 잘 관리하는 남자는 성공하더라고요."

그녀의 말인즉, 성공한 남자들은 위기 관리가 뛰어나다는 것이다. 대개의 남자들을 보면 우열을 가리기 어려울 정도로 실력이 비등비등하다고 한다. 하지만 위기 상황이 닥쳤을 때 대응하는 태도를 보면 차이가 난다고 말한다. 성공한 남자들은 위기 상황에 대처하는 능력을 가지고 있다고 설명한다.

인생은 정해진 시나리오가 없다. 누구에게나 예기치 못한 위기 상황이 발생한다. 세상은 내가 예상한 대로 흘러가지 않는 것이다. 성공한 남자들은 이런 진리를 알고 있다. 그래서일까. 위기 상황을 관리하는 능력이 뛰어나다. 그들은 위기가 닥쳤을 때 당황하는 법이 없다. 상황을 분석한다. 그러고는 그때그때 상황에 맞게 대처한다. 피하는 것이 능사가 아니라는 것도 알고 있다. 대신에 상황에 맞는 대처 방안을 짜내는 데 주력한다.

물론 처음부터 쉽지는 않았을 것이다. 때로는 실패한 적도 있으리라. 하지만 상황에 맞는 대처 능력은 위기 상황을 피하는 것이 아니라 당당히 맞섬으로써 배운 것이다. 때문에 그녀는 말한다. 위기 상황에 대응할 수 있는 과정을 겪은 사람이 성공한다고.

# 배움에 대한 고정관념이 없다

남자가 본 성공한 남자는 어떨까. 여자의 시각이 아닌 남자의 시각이 궁금하다. 그래서 만난 인터뷰 대상자, 그. 나이는 44세, 직업은 작가다. 수십여 권의 책을 출간했으며 현재도 저술 활동 중이다. 베스트셀러도 몇 권 있다. 이름만 대면 알 만한 작가다. 그도 성공한 남자다. 성공한 남자가 본 성공한 남자라. 좋지 아니한가. 뭔가 색다른 대답을 들려줄 것만 같았다. 예상 적중! 첫 마디부터 마음에 쏙 들었다.

"남들과는 다른 얘기를 들려줘야겠지요. 내가 보기엔 성공한 남자들은 배움에 대한 고정관념이 없다는 겁니다."

배움에 고정관념이 없다. 선뜻 이해하기가 쉽지 않았다. 이런 나를 위해 그는 친절하게 설명을 덧붙였다. 성공한 남자들은 남을 단정 짓지 않는다고 한다. 그렇듯이 본인도 단정 짓지 않으며 배움에 있어서도 마찬가지라고 한다. 그래서 그들은 익숙한 것과의 결별을 시도할 줄 안다고.

가령 공부를 할 때도 익숙한 것을 찾지 않는다는 것이다. 예컨대 영어 공부를 할 경우, 대부분의 사람들은 '어디에 가서 배우지?'라든가 '어떤 강사가 유명하지?'를 제일 먼저 생각한다. 저도 모르게 '어디에서, 누구에게 배워야 한다'를 자연스레 떠올리는 것이다. 하지만 공부를 이렇게 한정시켜 버리면 실패하게 마련이라고 한다.

그렇다면 배움에 고정관념이 없는 성공한 남자들은 어떨까. 그들은 '어디서, 누구에게'라는 개념이 없다. 대신 혼자서도 공부할 수 있다는 배움에 대한 자신감이 있다. 때문에 그들은 스스로 찾아서 공부한다. 쉽게 얘기하자면 짬짬이 공부한다. 어디든지 책을 가지고 다니면서 틈틈이 읽는다. 그런 방식으로 꾸준히 공부한다. 이렇게 10년간 쌓이면 얼마나 차이가 날 것인가. 시작은 미미할지라도 그

끝은 창대하리라. 더구나 10년 동안 꾸준히 하면 전문가가 될 수도 있다. 그들은 이러한 사실을 알고 있는 것이다. 나아가 이런 배움을 통해 사람의 껍데기를 보지 않는다. 실체를 파악한다.

삶은 배움의 과정이라고 말한다. 공부를 통해서 얻어지는 게 많기 때문이다. 그래서일까. 성공을 원하는 사람들은 공부하려고 계획을 세운다. 공부하려는 계획이 작심삼일로 끝난 기억이 많을 것이다. 그렇다면 자기한테 맞지 않는 방법을 고집한 것은 아닌지 생각해보자. 그리고 이제부터라도 배움에 대한 고정관념을 버리는 건 어떨까.

# 절대 서두르지 않는다

모 은행 압구정 지점 PB팀장. 나이
는 40세. 그녀는 매일 부자들을 만난다. 그것도 대한민국
에서 내로라하는 부자들을 말이다. 부자들의 유형은 다양
하다. 운 좋게 부자가 된 사람이 있는가 하면 자신의 능력
으로 부자가 된 사람이 있다. 또한 부모님의 재산을 물려
받아 부자인 사람도 있다. 이 중에서 진정 성공한 사람을
꼽으라면 자신의 능력으로 부자가 된 사람들일 것이다. 그
들은 어떤 점이 다를까. 그녀는 대답한다. 새로운 상품을
가입할 때 보면 파악이 된다고.

"그들은 절대 서두르지 않아요."

그녀의 말인즉 성공한 남자들은 돌다리도 두드려보고 건넌다고 한다. 아무리 좋은 상품이라고 말해도 바로 투자를 결정하지 않는다. 충분히 알아본 다음에 한다고. 그녀의 표현대로 하면 "전혀 홈쇼핑스럽지 않다"고 한다.

여기서 잠깐 홈쇼핑을 떠올려 보자. 홈쇼핑에서는 소비자들의 지갑을 열기 위해 "이번이 마지막 기회입니다"라든지 "몇 분 남았습니다" 같은 문구를 흘려보낸다. 구매할 마음이 없다가도 이런 멘트를 들으면 전화기를 들어야 할 것만 같은 생각에 사로잡힌다. 이런 까닭에 필요하지 않은 물건을 구매하는 사람들이 많다. 더구나 '홈쇼핑 중독증'에 걸린 사람들도 있지 않은가.

하지만 성공한 남자들은 이와는 다르다고 한다. 새로운 투자 정보를 들으면 반드시 확인 작업을 거친다. 그것도 다면적으로 검토한다고 한다. 가령 책이나 신문을 꼼꼼하게 읽어본다든지, 그것이 힘들면 꼼꼼하게 질문한다든지, 아는 사람을 통해서 정보를 수집한다든지 다양한 방식으로 말이다. 절대 서두르지 않는다. 정보 확인이 필수기 때문이다. 그녀의 고객 중에는 펀드에 가입하기 위해 300개 이상의 펀드를 다 확인해본 사람도 있다고 한다.

상대의 이야기를 들을 때도 마찬가지다. 귀를 열고 본인이 몰랐던 정보를 귀담아 듣는다. 대화 중간에는 이야기했던 것을 다시 한 번 정리한다. 반드시 요점 파악을 하는 것이다. 고객과의 전화 통화 때문인지 그녀에게도 직업병이 생겼다고 한다. 친구와 통화할 때도 반드시 중간에 종합정리를 한 번 하고 넘어간다고 한다. 자신도 모르게 습관이 된 것이다. 성공한 남자들을 상대하다보니까 말이다.

꼼꼼히 듣고 충분히 확인한다, 절대 서두르지 않는다, 이것이 성공한 남자들의 비결인 것 같다고. 인터뷰 마지막에도 그녀는 다시 한 번 인터뷰 내용을 요약해주었다.

# 버려야 할 때는 과감하게 던져버린다

　　"외모는 중요하지 않아요. 그릇이
되어 있어야 해요. 담을 수 있는 그릇."

　내가 싹수를 보듯 그릇을 본다는 그녀. 표현만 다를 뿐
이지 남자를 보는 기준은 같다. 그녀는 스타일리스트, 나
이는 37세, 미혼이다. 그래서일까. 나와 생각이 비슷하다.
모든 것이 갖춰진, 한마디로 성공한 남자를 만나기를 원한
다. 웬만한 남자는 눈에 들어오지도 않는다고. 그녀는 성
공한 남자들, 그 중에서도 자수성가형 남자들을 많이 만나
봤기에 남자 보는 눈이 여간 까다로운 게 아니다.

　자수성가형 남자들이라. 무에서 시작해 유를 이뤄낸 이

들은 어떻게 성공했을까. 어떤 점이 다르기에 성공을 거머 쥔 걸까. 그들만의 성공 비결은 무엇인지를 알려달라고 했다. 거침없는 그녀의 성격처럼 대답도 막힘없이 시원했다. "성공한 남자들은 버려야 할 때 과감하게 던져버린다"는 것이다.

버려야 할 것인지, 움켜쥐어야 할 것인지를 선택해야 하는 기로가 있다. 그 순간, 대개는 움켜쥐려는 경향이 강하다. 하지만 성공한 남자들은 상황 판단을 한 후에는 버려야 할 것을 끝까지 잡고 늘어지지 않는다. 과감하게 던져버린다. 그것이 자수성가의 비결이지 않겠느냐며 그녀가 알고 있는 모 건설회사 회장 이야기를 들려주었다.

그녀 이야기의 주인공은 현재 모 건설회사 회장이다. 자수성가형 CEO로 손꼽히고 있는 분이다. 때는 1980년대. 졸업하자마자 은행에 입사한 그는 자신만의 사업을 시작하기 위해 과감하게 직장에 사표를 던졌다. 그러고는 단돈 2000만 원으로 사업을 시작해 3년 만에 3억 원을 벌었다. 3억 원을 가지고 친구 7명과 공동 투자를 했는데, 이 투자가 잘못됐다.

다소 복잡한 사건으로, 재판을 하면 100퍼센트 회수가

가능했다. 문제는 재판에 소요되는 기간이 3년이라는 것. 하지만 합의를 하면 30퍼센트만이 회수될 뿐이었다. 둘 중의 하나를 선택해야만 하는 순간, 그는 기회비용을 따져보았다. 30퍼센트의 금액이지만 그 돈으로 3년 동안 일을 하는 것이 나은지 아니면 100퍼센트를 받기 위해 3년 동안 기다릴 것인지. 그의 선택은 전자였다. 다른 사람은 재판을 했다. 그 혼자서만 '일하자!'라는 생각으로 포기했다. 그러고는 뒤도 돌아보지 않고 30퍼센트 금액으로 새로운 일을 시작했다. 그 결과, 그는 현재 연매출 6000억 원을 올리는 중견회사의 CEO로 성장했다.

결단의 순간, 판단을 내린다. 그러고는 버려야 할 때는 과감하게 버린다. 이는 앞서 예를 든 건설회사의 회장뿐 아니라 그녀가 만나본 자수성가형 남자들의 공통분모라고 한다. 그들에게 과거는 과거일 뿐이라고. 때문에 버려야 할 때는 과감하게 버릴 줄도 안다고 한다. 대신 현재와 미래에 집중한다고 강조한다.

# 자격지심이 없다

**인터뷰** 대상자로 가장 먼저 떠오른 그녀. 나이는 39세, 직업은 MC. 이력 때문에 그녀를 선택한 것은 아니다. 그녀가 몇 년 전 성공한 남자와 결혼했다는 것이 기억났기 때문이다. 그녀의 남편은 M&A 기업에 다니고 있는, 성공 가도를 달리고 있는 남자다. 언젠가 덕분에 그녀도 대기업 CEO를 비롯해 성공한 남자들을 만나볼 기회가 많았다는 말이 생각났다. 그녀에게도 같은 질문을 했다. 그러자 그녀는 한 치의 망설임도 없이 대답했다. "성공한 남자들은 자격지심自激之心이 없다"고.

그렇다. 솔직하지 못한 사람만큼 독이 되는 사람도 없

다. 그들은 자신감이 결여되어 있다. 때문에 상대의 눈치를 본다. 그러고는 자신을 포장해서 말한다. 부풀려서 과대포장을 한다. 하지만 풍선을 너무 불면 터져버리듯이 언젠가는 탄로가 나게 마련이다.

자격지심은 열등감에서 비롯된다. 대개의 경우, 본인 스스로를 미흡하다고 생각한다. 아무도 나쁘게 말하지 않았는데도 말이다. 오해를 하는 것이다. 이런 오해가 또 다른 오해를 낳는다.

그뿐 아니라 자격지심이 있는 사람을 상대하면 불편하다. 무슨 말을 하든지 곧이곧대로 받아들이질 않기 때문이다. 이를테면 "아"라고 말했는데도 "어"라고 알아듣는다. 이러니 피곤하지 않을 수 없다. 일일이 따져서 되잡아주는 것도 한두 번. 대화가 통하지 않기 때문에 상대는 말문을 닫아버리기 일쑤다. 더구나 자격지심이 있는 사람의 가장 큰 문제는 상대의 행동을 제약한다는 것이다. 세상에 완벽한 사람은 없다. 그럼에도 불구하고 상대에게 완벽을 요구한다. 이렇게 해라, 저렇게 해라 말이 많다.

그렇지만 성공한 남자들은 그렇지 않다. 자격지심이 없다. 그들은 상대가 못하는 것을 절대 강요하지 않는다.

상대의 부족한 부분을 인정하고 오히려 따뜻하게 감싸준다. 나아가 자신이 못하는 것도 솔직하게 인정한다. 한마디로 위세를 부리지 않는 것이다. 때문에 자격지심이 없는 남자를 만나면 굳이 못하는 것을 잘한다고 거짓으로 말할 필요가 없다.

이런 남자들과는 일하기가 한결 수월하다. 자신 없는 분야를 솔직하게 말하고, 대신 자신 있는 분야를 이야기한다. 이를 통해 역할 분담을 한다. 그러고는 서로가 잘하는 분야에 주력할 수 있게끔 업무 조율을 한다. 못하는 부분에 대해서는 머리를 맞대고 해결책을 찾으려고 한다. 혹은 그 분야에 능통한 사람을 배치한다. 자연히 능률이 향상된다. 일하는 시간이 단축되는 것은 당연지사다.

이에 덧붙이는 그녀의 한마디. 그녀의 남편도 그렇단다. 자격지심이 없어서 마음에 들었다고. 그러고는 1년 남짓의 연애 끝에 결혼했다. 신혼 초기, 서로가 못하는 부분에 대해서 스스럼없이 이야기를 나누었다고 한다. 물론 서로가 잘하는 부분에 대해서도 허심탄회하게 말했다고. 이후 못하는 부분에 대해서 토를 달지 않았으며, 잘하는 부분에 대해서는 더욱 격려를 해준다고 한다. 덕분에 신혼이 한참 지났는데도 여전히 행복하다면서 화사한 웃음을 지어보였다.

　누구나 못하는 것이 있는 법. 그것을 인정하는, 자격지심이 없는 남자가 성공한다는 것이 그녀의 지론. 자격지심이 없으면 다른 건 저절로 갖춰지기 때문이다.

# 인적 네트워킹에 강하다

그의 직업은 세무사, 나이는 36세. 세무사 자격증을 취득한 그는 국세청에서 근무했다. 현재는 모 은행 PB 센터에서 세무 업무를 담당하고 있다. 세무 업무의 특성상 그가 만나는 사람들은 고액 연봉자들과 자산가들이 주류를 이룬다. 그가 본 성공한 남자들은 어떤 점이 다를까. 나의 질문에 그는 겸손하게 대답한다. 많이 알지는 못하지만 이것 한 가지만은 다른 것 같다면서.

"성공한 남자들은 네트워킹이 강해요. 쉽게 말하면 사람을 관리하는 기술이 남다르다고 할까요. 사람에 대한 투자도 아끼지 않는 것 같고요."

그가 만난 성공한 남자들은 모임이 많다. 그것도 정기적으로 모임을 가지며 모임의 종류도 다양하다. 예컨대, 한 달에 한 번 골프모임을 가진다든지 등산모임을 가진다는 것이다. 이러한 모임을 통해서 인적 네트워킹을 강하게 쌓는다고 한다.

성공한 남자들은 일은 사람이 한다는 것을 알고 있다. 때문에 다양한 형태의 모임을 만든다. 학연모임이나 지연모임은 기본이다. 이 외에도 팀이나 지점별로 모임을 만들기도 하고, 우연히 한 번 만났던 사람들과의 모임을 만들기도 한다. 그것도 자기 주도적으로 말이다. 모임은 주로 동호회 형식을 띈다. 일석이조다. 즉, 취미 생활도 즐기면서 인적 네트워크도 형성하는 것이다. 이런 모임은 참석하는 사람 역시 부담스럽지 않다.

그들이 모임을 결성하는 순서는 이렇다. 모임을 가지면서 상대방의 취미 혹은 관심사를 파악한다. 자리가 끝날 즈음 자연스럽게 이야기를 꺼낸다. "오늘 이 모임이 좋으니까 정기적으로 한 번씩 만나는 것은 어떨까요? 골프(혹은 등산)를 하면서 말예요"라면서.

그렇다고 그 자리에서 당장 모임을 만드는 것은 아니

다. 이야기만 살짝 내비치고서는 헤어진다. 며칠 후에 안부전화를 건다. 그러면서 슬며시 모임에 대해 상대의 의향을 물어본다. 이런 식으로 구성원을 체크한 후 모임을 만든다고 한다.

성공한 남자들은 이런 모임이 열 개 이상은 된다고 한다. 그는 스무 개가 넘는 남자도 봤다고 한다. 우연히 보게 된 수첩은 모임 약속으로 빽빽하게 채워져 있었다고 한다. 성공한 남자일수록 모임이 많다고 말한다. 이유는 간단하다. 그를 찾는 사람이 많고, 그 역시 네트워킹의 중요함을 알기에 소홀히 하지 않기 때문이다.

# 거절도 밉지 않게 한다

그녀는 기자, 나이는 31세. 이 연령대의 여자들은 성공한 남자들을 잘 모른다. 하지만 그녀는 다르다. 그녀는 일주일에 한 번은 성공한 남자를 만나거나 전화통화를 한다. 취재 인터뷰 요청을 한다든지 원고를 의뢰한다든지 하는 다양한 이유로 어린(?) 나이에도 불구하고 많은 남자들을 만나봤다. 대기업의 CEO를 비롯하여 성공한 남자를 충분히 만나서 파악한 상태다. 그녀의 대답에는 여기자의 날카로운 시각이 고스란히 담겨 있었다.

"그들은 거절하더라도 이쪽에서 받아들일 수밖에 없게 만들어요. 미워하려고 해도 절대 미워할 수 없게 말예요."

거절당하는 일이 많았나보다. 나의 질문에 바로 대답한 것을 보면 말이다. 아니나 다를까. 업무상 부탁할 일이 많았단다. 그런데 거절할 때의 태도를 보면 성공한 남자인지 그렇지 않은 남자인지 확연하게 차이가 난다고 한다. 대개 성공하지 못한 남자들은 "안 되겠는 걸요" 내지는 "시간이 없어서 못 하겠는 걸요"라고 답한다고 한다. 하지만 성공한 남자들은 정중하게 거절할 뿐 아니라 부탁한 쪽에서 고개를 끄덕이게끔 만든다고 말한다. 그것도 다른 사람을 시키는 것이 아니라 본인이 직접 전화하면서 말이다.

그렇다. 앞에서 얘기했듯이 거절에도 수순이 있고 방법이 있다. 성공한 남자들은 거절할 일이 있으면 요목조목 설명을 곁들인다. 거절할 수밖에 없는 상황에 대해서 말이다. 이를테면, 안 되는 경우에는 왜 그러한지 합당한 이유를 댄다. 시간이 없는 경우에는 현재 자신이 처한 상황에 대해서 자세히 이야기한다. 상대가 수긍할 수 있도록 말이다. 그러니 상대는 자연히 고개를 끄덕이게 되는 것이다. 또한 지금은 부탁을 받아들일 수 없는 상황에 미안해하는 감정을 표시한다. 그러고는 다음 기회를 기약한다. 거절도 밉지 않게 하는 것이다.

# 자신을 가꿀 줄 아는 센스가 있다

그녀는 세계맥주전문점 사장, 나이는 38세. 세계맥주전문점은 그녀가 결혼한 후 남편과 함께 시작한 사업이다. 결혼 전에는 의류브랜드의 패션 코디네이터로 활동했다. 그래서였을까. 그녀를 처음 본 순간 유부녀로 보이지 않았다. 세련된 차림새를 한 그녀가 결혼했다는 것이, 한 아이의 엄마라는 것이 믿기지 않았다. 결혼을 해도 이력은 속이지 못하나보다. 나의 질문에 대한 그녀의 대답도 감각적이었으니 말이다.

"옷차림도 전략이라고 하잖아요. 왜 그런지 알아요?"

그녀는 다른 이와는 달리 엉뚱하게 나에게 질문을 던졌다.

대답을 찾고 있는데 이내 그녀가 말을 이었다.

"옷차림은 아주 간단하게 자신의 가치를 전략적으로 보여줄 수 있기 때문이에요. 성공한 남자들을 보면 옷차림도 그렇고 자신을 가꿀 줄 아는 센스가 있어요."

패션계에 몸담고 있었던 그녀는 옷차림과 관련된 사례까지 덧붙였다. 예를 들어 팔자로 걷는 남자와 일자로 걷는 남자가 동시에 걸어온다고 상상해보고 어느 쪽에 더 점수를 주겠느냐고 묻는다. 당연히 일자로 걷는 남자 쪽이다. 그렇다. 팔자로 걷는 남자는 왠지 헐렁해 보이고, 일자로 걷는 남자는 강직하고 도전적으로 보인다고 말한다. 사소한 것이지만, 상대방에게 첫인상을 다르게 줄 수 있다는 것이다. 이런 방식으로 첫 만남에서 강한 포인트를 주면 상대와의 대화도 쉽게 풀리게 마련이라고 한다.

그녀는 뚱뚱한 사람도 마음만 먹으면 자신만의 멋진 스타일을 낼 수 있다고 이야기한다. 대개 뚱뚱해서 스타일이 살지 않는다고 포기하는데, 이것은 자기 합리화라고 말한다. 그녀가 만난 성공한 남자들 중에는 뚱뚱한 사람들이 많았다. 하지만 그들에게선 뚱뚱함이 전혀 느껴지지 않았고, 오히려 장점으로 비쳐졌다고 한다. 이유는 간단했다.

그녀의 표현을 그대로 옮기면 '껍데기를 벗고, 틀을 깼기' 때문이다. 그러니까 자신에게 맞는 자신만의 스타일을 찾아낸 것이다. 그 순간 뚱뚱하다는 콤플렉스도 버리는 것이다. 이것이 바로 자신을 가꿀 줄 아는 센스라고 한다.

이왕이면 다홍치마. 남자들이 여자를 고를 때 하는 말이다. 여자들도 남자들의 생각과 별반 다르지 않다. 같은 남자라도 일 잘하고, 성격 좋고, 말 잘하는 남자가 멋있어 보인다. 거기다 옷차림까지 센스 있으면 금상첨화다.

이런 이치는 비즈니스에도 그대로 통용되는 경우가 많다. 우위를 점칠 수 없는 상황에선 깔끔하고 말끔한 남자에게 눈길이 간다. 그래서 옷차림도 전략인 것이다. 그렇다고 해서 유행에 따라 입으라는 말은 아니다. 자신의 스타일에 맞게, 상황에 맞게 입는 것이 중요하다. 회의할 때는 회의석상의 분위기에 맞게, 야외에 갈 때는 야외 놀이의 분위기에 맞게. 이렇게 변신할 수 있어야 하는 것이다.

그녀는 말한다. 성공한 사람들을 보면 모두 다 멋쟁이라고. 뚱뚱하든 키가 작든, 외모에 상관없이 멋스럽다고. 이는 자신을 가꿀 줄 아는 센스를 가지고 있기 때문이다.

# 자신과 대화를 나눈다

모 보험회사 FC, 나이는 37세. 그는 잘 다니던 직장을 그만두고 4년 전 보험회사에 입사했다. 강남 VIP 지점의 영업사원부터 시작해서 지금은 부지점장이 되었다. 탁월한 영업 실적으로 매년 MVP에 선정됐다. 그만큼 많은 사람들을 만나고 다녔다는 의미다. 영업상 그가 만나는 고객들은 전문직 종사자들이 많았다. 그 분야에서는 성공의 열매를 맛본 사람들이다. 어떻게 해서 그 달콤한 열매를 맛본 것일까.

"저도 궁금했죠. 저도 성공하고 싶으니까 그들의 비결을 알고 싶었죠. 그래서 물었어요. 한 분, 한 분."

오호라! 뭔가 굵직한 것이 나오리라는 기대가 생긴다. 그는 "성공한 남자들은 혼자만의 시간을 만들어 자신과 대화할 수 있는 시간을 가진다"고 말한다. 매일매일 꿈을 구체화시키기 위해서다. 예컨대, 그가 알고 있는 어떤 사람은 금요일 저녁마다 자신과 대화하는 시간을 갖는다고 한다. 사우나를 하든지 산책을 하든지 혼자만의 시간을 만든다. 그러고는 한 주 동안의 일을 정리하고 다음 주 계획을 세우는 것이다.

자신과 어떻게 대화를 나눌까. 그들의 대화 시간은 이렇다. 일단 태도는 진솔하고 단호하다. 그리고 지난 일을 돌아보고 되짚어보면서 반성한다. 자신이 세운 목표는 잘 실행하고 있는지, 일은 완벽하게 처리했는지, 잘못한 점은 없는지 등 가슴에 두 손을 얹고 따져본다. 만약 제대로 하지 못하고 있다면 자신을 나무란다. 즉, 얼마나 자신의 꿈과 가까워지고 있는지를 단호하게 살펴보는 것이다.

지난 일의 반성이 끝난 후에는 앞으로 일어날 일을 찬찬히 그려본다. 앞으로 해야 할 일과 만날 사람을 떠올린다. 그러고는 일어날 상황을 재연해본다. 만날 상대와의 이야깃거리를 정리한다든지 혹시 일어날지도 모를 상황

을 떠올린다. 만약의 상황, 즉 위기 상황에 대한 대처 능력
을 기르는 것이다.

성공한 남자들은 이와 같은 방식으로 하루하루 자신의
꿈에 한걸음씩 다가간다고 말한다. 이유는 간단하다. 성
공의 출발점은 자신에게서 비롯되니까 말이다. 그래서다.
성공한 남자들은 혼자만의 시간을 만들어 자기와 대화할
수 있는 시간을 가진다. 이를 통해 자신을 리모델링하는
것이다.

# 성공한 남자는 그냥 오지 않는다

성공한 남자 혹은 성공하는 남자와 그렇지 않은 남자는 어떻게 다를까? 궁금증을 풀기 위해 나는 왕언니의 뒤를 쫓아다녔다. 발바닥에 땀이 나도록 그리고 죽도록! 덕분에 성공한 남자를 구별하는 그녀만의 안목을 고스란히 들을 수 있었다. 행복한 나날이었다. 이만하면 충분하다? 천만의 말씀! 욕심이 생겨났다. 왕언니가 들려준 이야기를 내 두 눈으로 직접 확인해보고 싶어진 것이다. 나는 다시 왕언니의 뒤를 졸졸 쫓아다녔다. 성공한 남자들을 만나볼 기회를 달라고 말이다. 왕언니는 나의 부탁을 거절하지 않았다. 오히려 칭찬했다.

"좋은 생각이야. 아무리 들은들 뭐하겠니? 직접 보는 것만큼 확실한 것도 없지. 그게 더 뇌리에 선명하게 남을 거야. 좋아!"

브라보! 그런데 언제 만나게 해줄 건데요? 빨리 만나고 싶다.

"그렇잖아도 다음 주 토요일 오후에 덕소에서 몇몇 분들하고 삼겹살 파티를 할 예정이거든. 거기에 오면 성공한 남자들을 만날 수 있을 거야."

오케이! 그렇게 해서 나는 직접 성공한 남자들을 만나게 된 것이다. 토요일 전날 밤, 잠을 이룰 수 없었다. 성공한 남자들을 만난다는 설렘 때문이다. 거의 뜬 눈으로 밤을 지새웠다. 날이 훤하게 밝아오자마자 벌떡 일어났다. 그러고는 왕언니가 들려준 그동안의 이야기를 메모한 종이를 찬찬히 읽어보았다. 왕언니가 말해준 내용을 마음속에 되새기기 위해서. 앗싸! 이 이야기의 주인공들을 직접 만날 수 있단 말이지. 두근두근 쿵쿵. 흥분된다. 떨리는 가슴으로 덕소를 향해 출발했다.

덕소의 마당. 푸른 잔디밭에 하얀 테이블과 하얀 의자가 놓여 있다. 테이블은 이미 기본 세팅이 끝난 상태. 수저와 개인접시, 그리고 와인 잔이 가지런히 자리를 잡고 있다. 왕언니는 테이블 앞을 오가며 분주한 모습이다. 고기를 구울 불은 붙었는지, 샐러드는 준비가 되었는지 최종 점검을 하고 있다. 손님들이 도착할 시간이 임박했나보다. 뭔가 도울 일이 없을까. 왕언니의 눈을 쳐다보았다.

"괜찮아. 다 준비됐어. 이리 와봐."

왜 부르는 것일까. 왕언니에게 다가갔다. 그랬더니 머리를 살며시 매만져 주는 것이 아닌가. 자상하다. 왕언니의 따뜻한 배려에 감동하고 있는데 어디선가 자동차 멈추는 소리가 들렸다. 우리는 동시에 고개를 돌렸다. 손님이 도착한 것이다. 뒤를 이어 하나 둘씩 초대받은 손님들이 도착하기 시작했다.

삼겹살 파티에 참석한 사람들은 왕언니와 나를 포함해서 총 열 명이었다. 모 경제연구소 박사, 만화가, 테이블 코디네이터, 교수, 디자인 광고회사 사장, 방송사 PD, 벤처 농민 커플 등이 모였다. 그들이 테이블에 빙 둘러앉자 음식이 나오기 시작했다. 샐러드를 먹는 모습을 쳐다보던 왕언니, 이쯤이 적당하다고 생각했나보다. 자연스레 나를 사람들에게 소개했다. 그랬더니 언니와 함께 오늘의 모임을 계획한 분이 일어나더니만 한 사람씩 소개를 해주었다. 어색한 순간은 잠시. 반갑게 인사를 나누었다. 그러고는 지글지글 그릴에서 구워진 삼겹살을 먹기 시작했다.

음식을 먹으면서 나는 귀를 쫑긋 세우고 눈은 동그랗게 떴다. 왕언니가 들려준 이야기를 확인하기 위해서다. 아니 나 다를까. 그대로다. 왕언니가 말해주었던 내용 그대로다. 음식을 먹으면서 두런두런 이야기를 나누는데 전혀 어색해하는 사람이 없다. 모두들 상대를 배려하면서 이야기를 나누고 있다. 화젯거리가 다양하다. 상대를 대하는 태도도 깍듯하다. 예의바르다. 대화 사이에는 적절하게 유머를 섞기도 한다. 더욱 즐거운 분위기를 연출하기 위함이다. 그러고는 중간에 자연스레 사업 이야기를 꺼내기도 한다. 기회를 엿보았다 적당한 순간에 꺼내는 것이다.

와인도 꽤 마셨다. 하지만 취한 사람은 없다. 눈으로도 입으로도 적당히 술을 마시기 때문이다. 그래서였을까. 식사를 하는 내내 즐거운 웃음소리가 끊이질 않았다. 화기애애한 분위기가 식사를 마칠 때까지 이어졌다. 일일이 열거할 수는 없지만, 이 밖에도 왕언니가 이야기해준 성공한 남자들만의 장점들을 엿볼 수 있었다.

어느덧 밤 9시. 흥겨운 잔치가 끝났다. 헤어질 시간이다. 그런데 언제였을까. 식사를 하는 사이, 누군가 대리운전을 불러놓았나보다. 정말 한 치의 오차도 없다. 이러니 헤어짐도 깔끔하다. 질질 끌지 않는다. 만나서 반가웠다는 의미로 악수를 나누고 헤어졌다.

배웅을 마친 왕언니와 나는 덕소에서 하룻밤 자기로 했다. 언제나 나의 마음을 헤아리는 왕언니. 이번에도 이대로 헤어지기 아쉬운 나의 마음을 단박에 알아챈 것이다. 왕언니를 따라 집으로 올라갔다. 옷을 갈아입고 세수를 했다. 그러고는 왕언니와 나란히 잠자리에 누웠다. 그런데 이상하다. 몸은 고단한데 잠이 오지를 않는다. 멀뚱멀뚱 천장을 바라보고 있는데 왕언니가 나지막하게 속삭인다.

"그동안 성공한 남자들의 이야기를 듣고, 오늘 직접 만나보니까 어때?"

"왕언니가 말한 그대로더라고요. 어쩜 그렇게 상대를 배려하는지, 어쩜 그렇게 이야기가 막힘이 없는지. 이제 남자를 보는 눈이 트이는 것 같아요. 알 것 같아요."

"그래, 그럼 그동안 나를 만난 보람이 있었던 거네? 다행이다!"

물론이다. 그동안 왕언니를 만나 얼마나 행복했는지. 그리고 얼마나 많은 것을 배웠는지. 말로는 다 표현하지 못할 것이다. 늘 감사하는 마음이다.

"그런데 말이야. 성공한 남자를 만나려면 한 가지가 더 필요해."

어? 그동안 왕언니가 나한테 말해주지 않고 빠트렸던 게 있나보다. 아주 중요한 부분인 것 같다. 눈이 번쩍 뜨인다.

"성공한 남자는 저절로 오지 않아. 난 성공한 남자를 만나려면 여자도 가만히 있어서는 안 된다고 생각해."

가만히 있어서는 안 된다? 그렇다면 찾아나서야 한단 말인가? 왕언니는 마지막까지 나를 어리둥절하게 만든다.

"아니. 여자도 준비가 되어 있어야만 해. 그래야 성공한 남자를 만날 수도 있고, 성공한 남자와 동등한 관계가 될 수 있거든. 그래야만 한쪽이 기울지 않는, 수평이 되는 거야. 이런 관계야말로 긍정적인 시너지 효과를 낼 수 있거든. 그리고 내가 이렇게 준비를 하고 있으면 성공한 남자가 저도 모르게 옆으로 다가오거든. 그때 이 남자가 진정 성공한 남자인지 아닌지는 내가 알려준 이야기로 판단하면 되는 거지."

아하! 성공한 남자를 만나려면 여자도 그에 걸맞게 준비해야 한다는 말이군요. 성공한 남자를 만나기를 바라는 만큼 말이죠. 의미심장한 말이다. 자칫 나는 아무런 준비도 하지 않은 채 성공한 남자만을 찾아 나서려고만 했을지도 모른다. 왕언니가 말해준 잣대를 들고서 말이다. 이제는 그 잣대를 나한테도 적용시켜보는 건 어떨까. 그러면 나도 성공하고, 저절로 성공한 남자도 만날 수 있으리라. 그때 꺼내들자. 왕언니가 들려준 이야기를. 그리고 그를 판단하자. 진정 성공한 남자인지 아닌지를. 나는그런 생각을 하면 왕언니와 단잠에 빠져들었다.